백절불굴 크리스천

백절불굴
크리스천

●

김인중 지음

규장

■ 머리말

힘을 내세요, 주님이 손잡고 계시잖아요!

현재 우리 사회는 신용불량자, 청년실업, 대량 실직, 장기불황 등의 심각한 문제들로 고통을 겪고 있습니다. 이런 경제적 어려움으로 가정이 붕괴되는가 하면 허탈감과 원망과 좌절감에 빠져서 "왜 나만 이런 고난을 당해야 하느냐?"며 울부짖는 사람들도 많습니다.

저 역시 어릴 때부터 똑같은 질문을 던지며 살아왔습니다. 그러던 어느 날 제 친구와 대학선배 두 분에게 이끌려 교회에 나가 복음을 듣는 기회를 가졌습니다. 그 복음은 어느덧 제 고난과 인생의 모든 역경을 이기게 하는 지푸라기 같은 희망이 되었습니다.

왜 나만 겪는 고난이냐고 불평하지 마세요.
고난의 뒤편에 있는 주님이 주신 축복 미리 보면서 감사하세요.
너무 견디기 힘든 지금 이 순간에도 주님이 일하고 계시잖아요.

남들은 지쳐 앉아 있을지라도 당신만은 일어서세요.
힘을 내세요. 힘을 내세요. 주님이 손잡고 계시잖아요.
주님이 나와 함께함을 믿는다면 어떤 고난도 이길 수 있잖아요.

김석균 씨의 '주님 손잡고 일어서세요' 라는 곡은 최근 저와 우리 교인들에게 큰 은혜와 용기를 준 복음성가입니다.

"고난 당한 것이 내게 유익이라 이로 인하여 내가 주의 율례를 배우게 되었나이다"(시 119:71).

"우리가 알거니와 하나님을 사랑하는 자 곧 그 뜻대로 부르심을 입은 자들에게는 모든 것이 합력하여 선을 이루느니라"(롬 8:28).

"사람이 감당할 시험밖에는 너희에게 당한 것이 없나니 오직 하나님은 미쁘사 너희가 감당치 못할 시험 당함을 허락지 아니하시고 시험 당할 즈음에 또한 피할 길을 내사 너희로 능히 감당하게 하시느니라"(고전 10:13).

"자녀이면 또한 후사 곧 하나님의 후사요 그리스도와 함께

한 후사니 우리가 그와 함께 영광을 받기 위하여 고난도 함께 받아야 될 것이니라 생각건대 현재의 고난은 장차 우리에게 나타날 영광과 족히 비교할 수 없도다"(롬 8:17,18).

건성으로 수없이 들어온 이 말씀들이 어느 날 저에게는 유일하게 붙잡고 일어설 수 있는 강력한 희망의 밧줄이 되었습니다. 그 약속의 말씀을 붙잡고 부르짖어 기도하고, 눈물로 기도하게 하셨습니다. 말씀을 움켜쥐고 길을 걸어가며, 일터에 나가서 하나님께 두드렸을 때, 하나님은 모든 고난과 역경을 이기게 해주셨습니다. 또한 저희 가정과 교회에 크고 비밀한 일들을 넘치도록 부어주고 계십니다. 하나님은 지금도 살아 역사하고 계십니다.

이 책은 "불붙는 삶의 능력을 주옵소서"라는 주제로 말씀을 전한 내용을 글로 옮긴 것입니다. 설교를 듣는 심정으로 읽으시면 더욱 은혜가 될 줄 믿습니다.

책의 출간을 위해 힘써주신 규장의 여진구 대표와 규장의 모든 식구들에게 감사드립니다.

이 책을 읽는 분들마다 살아 계신 하나님을 만나게 되기 바라는 마음으로 저의 작은 이야기를 나누고자 합니다.

김인중

■ 차례

· 머리말

1부 날마다 부흥하는 인생의 비밀지도

01 하나님의 불기둥을 따라가라 • 13
출애굽한 이스라엘 백성이 메마른 땅을 40년간 걸었지만 지치지 않을 수 있었던 것은 하나님이 보여주신 불기둥을 보며 가나안의 꿈을 안고 행군했기 때문입니다.

02 예수로 불타는 인생이 되라 • 22
예수가 나의 구주이며, 내가 죄인인 것을 깨달아 회개하고 예수를 인격적으로 영접하고 나자 제 인생은 변화되었습니다.

03 나누고 섬기는 열혈인생이 되라 • 39
주면서 살아야 합니다. 우리는 한 아버지를 믿는 한 형제요, 자매입니다. 뜨거운 가슴으로 먼저 대접해보십시오. 그러면 그렇게 기분 좋을 수가 없습니다.

2부 성령의 능력이 이끄는 놀라운 삶

04 내 가슴에 성령의 불이 붙어야 산다 • 51
영혼과 육체와 삶을 변화시키려면 성령의 불덩어리가 되어 자신의 영혼을 불태워야 합니다. 그렇게 불타야 다른 사람들에게도 그 불을 전할 수 있기 때문입니다.

05 성령의 능력이 내 인생을 변화시킨다 • 66
성령을 받으면 내 인격과 내 가족의 삶에 변화가 일어납니다. 우리의 인격이 변화되면 우리 이웃을 향한 불타는 사랑으로 그들에게 감화력을 끼치게 됩니다.

백절불굴
크리스천

3부 홍해는 지금도 갈라진다

06 믿음으로 홍해를 건너보라 • 83
큰 동풍으로 홍해를 갈라주신 하나님, 그 하나님께서 나와 함께 계시면 어떤 문제든지 해결해주시며 큰일도 이룰 수 있습니다.

07 홍해를 지나는 개척인생이 되라 • 94
구하는 자에게 홍해와 같은 장애물, 물질이나 건강, 인간관계를 가로막는 어떠한 장애물도 없애주시며 가나안의 복을 채워주십니다.

4부 광야를 통과한 자에게 주시는 하늘의 복

08 고통을 이겨내는 존귀한 인생 • 131
비록 고통 가운데 있을지라도 기도하면 복에 복을 받아 존귀한 자가 됩니다. 영향력을 미치는 사람이 됩니다. 하늘의 복을 체험하는 사람이 됩니다.

09 사랑의 불을 확산하는 능력인생 • 153
불붙는 삶의 능력과 성령의 불, 사랑의 불을 소유하고 있는 사람은, 사업장이나 가정에서, 이웃과 교인들에게 그 사랑의 불을 붙여주고 나누어주는 능력인생이 됩니다.

10 승리를 체험하는 영광인생 • 168
과거를 청산한 사람에게 그 과거는 더 이상 부끄러운 것이 아닙니다. 죄와 절망 속에 사는 사람들에게 용기와 희망을 주는 승리의 간증이 될 것입니다.

1부
날마다 부흥하는 인생의 비밀지도

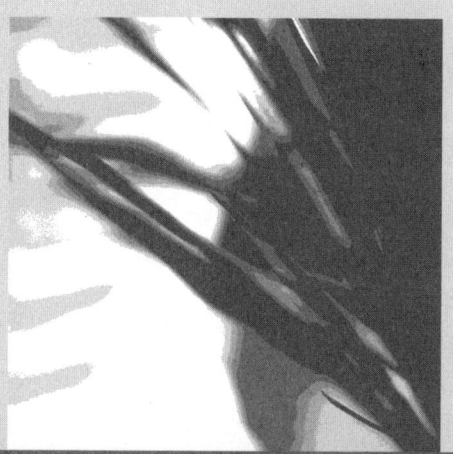

✳✳✳✳✳✳✳✳✳✳✳✳✳✳✳✳✳✳✳✳✳✳✳✳✳✳✳✳✳✳✳

말로만 사랑할 것이 아니라 뜨거운 가슴으로 우리보다 약한 사람, 부족한 사람에게 나누어주고 그들을 도우며, 섬기는 일에 불타올라야 합니다. 그러면 많은 사람들의 칭찬을 받으며 초대교회의 삶의 모습과 같이 날마다 부흥하는 인생이 될 것입니다.

✳✳✳✳✳✳✳✳✳✳✳✳✳✳✳✳✳✳✳✳✳✳✳✳✳✳✳✳✳✳✳

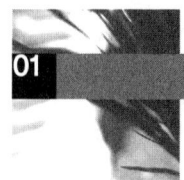

01 하나님의 불기둥을 따라가라

출애굽한 이스라엘 백성은 40년 동안 메마른 땅을 걸었습니다. 메마른 땅을 40년간 걸었지만 지치지 않을 수 있었던 것은 하나님이 보여주신 구름기둥, 불기둥을 보며 가나안의 꿈을 안고 행군했기 때문입니다.

세상살이, 그 버거움에 대하여

산다는 것은 힘겨운 일입니다. 일주일 내내 몹시 힘이 듭니다. 아무도 거저 돈을 주는 사람은 없습니다.

제 누님도 오십이 넘은 나이에 미국 시카고로 이민을 갔습니다. 일제시대 때 초등학교를 나왔으니 영어 한마디나 제대로 할 줄 알았겠습니까? 그런 누님이 처음 이민 가서 하게 된 일은 청소였습니다. 화장실 청소, 병원 청소를 하러 다녔는데 이민 간 첫 해, 시카고에 눈이 많이 왔습니다. 밤 12시가 넘어서야 청소를 마친 누님은 차도 끊겨, 운전도 못해, 영어도 못하는 처지에 수십 리 길을 혼자서 걸어오다가 그만 길을 잃고 눈구덩이에 쓰러지고 말았습니다. 다행히 지나가던 사람이 보고 경찰서로 데려왔지만 집이 어디냐, 전화번호가 뭐냐고 물어도 도통 그 말을 알아듣지 못했습니다. 그런데 김치냄새가 나는 것으로 보아 한국사람이려니 짐작한 경찰관이 한밤중에 한국사람을 찾아다가 통역했고 그래서 그나마 무사히 집으로 돌아올 수 있었습니다. 눈물겨운 이민생활이었습니다. 누님은 청소하면서 무릎에 관절염이 생겼고, 한식음식점에서 5년 동안 깍두기를 담그면서 8남매를 길렀습니다. 산다는 것은 누구에게나 쉬운 일이 아닙니다.

오늘도 하루 일과를 마치며 지친 어깨를 떨구는 사람들이 많습니다. 우리네 인생 가운데 오늘도 남편한테 얻어맞는 아내가 있고, 실직하여 크게 실망하는 사람도 있습니다. 가출하여 집에 들어오지 않는 자녀 때문에 속을 끓이는 부모도 의외로 많습니다. 겉은 멀쩡해 보여도 내심 금방이라도 쓰러질 것처럼 아파하는 사람들이 우리 주변에 얼마나 많은지 모릅니다.

남편이 밤 12시에 고주망태가 되어 돌아옵니까? 학교는 안 가도 밤 12시, 1시에 집을 찾아 들어오는 자식이 있습니까? 그렇다면 감사하십시오. 기도하시기 바랍니다. 미우니 고우니 해도 온갖 유혹을 뿌리치고 집에 당도한 남편을 따뜻하게 반겨준다면 언젠가는 반드시 변화될 것입니다. 만약 먹고 폭

력배와 싸우고 돌아다니지 않는 것, 아무리 야단쳐도 집으로 돌아온다면 그것은 자식이 아직까지 부모를 믿기 때문일 것입니다.

"항상 기뻐하라 쉬지 말고 기도하라 범사에 감사하라"(살전 5:16-18).

자만하면 한순간에 깨어질 수 있다는 것을 명심하시기 바랍니다.

"교만은 패망의 선봉이요 거만한 마음은 넘어짐의 앞잡이니라"(잠 16:18).

"하나님이 교만한 자를 대적하시되 겸손한 자들에게는 은혜를 주시느니라"(벧전 5:5).

그러나 하나님의 은혜를 받으면 불붙는 삶의 능력이 나타납니다. 식은 가슴을 뜨겁게 살려내는 능력의 사람, 사랑의 사람이 될 것입니다. 세상살이에 지치고, 상처받고, 낙심하여 좌절과 절망 속에 마지못해 하루하루를 살아가는 인생들이 우리 주변에 얼마나 많습니까! 지금도 돌아가야 할 집, 돌아가야 할 교회로 돌아오지 않고 있는 사람들이 얼마나 많습니까! 절망하고 자포자기하여 술에 취한 사람들, 엉뚱한 곳에서 울부짖는 그들이 방황하는 이유는 무엇입니까? 가슴이 식어지고 살아갈 용기를 잃어버렸기 때문입니다.

그러나 불붙는 성령의 은혜, 성령의 기름 부으심을 받게 되면 내 삶에 기쁨이 넘치고 내 가족 또한 그런 나 때문에 기쁨이 넘치게 될 것입니다. 나 때문에 수많은 사람들이 살아나고 삶의 용기를 얻게 된다고 상상해보시기 바랍니다.

기막힌 11남매, 그중 열째

제가 쟁쟁한 목사처럼 보입니까? 남들이 보기에 서울대 나오고, 안산의 동산고등학교 이사장이고, 8천 명 이상 출석하는 교회의 담임목사이고 보니 무언가 있겠거니 생각하기 쉬운데 사실 저는 원래부터 그렇게 속에서 불이 타는 사람은 아니었습니다. 어려서 제 별명은 '뗏국놈, 중국놈'이었습니다. 이유인즉, 하도 말을 안해서 그렇습니다. 원래 한국말을 모르는 화교가 자장면 장사 해가며 눈치껏 살아가느라 그다지 말이 없습니다.

저는 11남매 중 열째로 태어났습니다. 집안은 가난했고 세 살 때 어머니가 돌아가셨기 때문에 저는 어머니의 얼굴도 모릅니다. 열한 번째로 누이동생이 태어난 지 3개월 만에 어머니는 다리 통증을 호소하셨고 별다르게 약 한 번 써보지 못하고 다리를 절단해야 했습니다. 더욱이 허무하게도 3개월 뒤 결국 돌아가시고 말았습니다. 애들을 열 하나나 낳아놓고 허망하게 돌아가신 것입니다.

그때부터 저희 가정에는 눈물 마를 날이 없고 아무런 소망도 없었습니다. 어머니의 장례식을 치르고 나자 하나 둘도 아니고 열한 명이나 되는 자식을 어떻게 기르겠느냐는 동네 어른들의 성화에, 세상에 태어난 지 여섯 달밖에 안 된 나의 핏덩어리 동생은 남의 집으로 보내져서 지금은 살았는지 죽었는지 전혀 알 길이 없습니다. 저는 지금이라도 그 누이동생을 찾고 싶습니다. 유전자 검사를 해서라도 찾고 싶은 마음이 간절합니다. 정말 기가 막힌 가정이지요.

문제는 그때부터 우리 가정에 삶의 능력이 전혀 없었다는 사실입니다. 아내를 잃은 아버지는 삶의 의욕을 잃고 거의 폐인이 되다시피 했습니다. 없는 살림에 그나마 있던 논밭까지 팔아치워 가며 술집, 노름방을 전전했습니다.

그러는 사이에 전쟁도 끝나고 저는 여덟 살이 되어 학교에 가게 되었습니다. 학교에 가려면 광산을 넘어 십 리나 걸어야 했습니다. 그 시절에 가방이 어디 있습니까? 책은 보자기에 싸서 멨고, 비가 오면 비료봉지를 가위로 잘라 뒤집어쓰고 뛰었습니다.

전쟁이 끝난 뒤 형편이야 다들 찢어지게 가난했지요. "밑이 찢어지게 가난하다"라는 말은 60세 이상 되는 분이면 다

공감하는 말입니다. 영양이 결핍되어 영양상 조화가 깨어지면 항문이 약해집니다. 그런 상태에서 소나무 껍질 벗겨 먹고, 질경이 뜯어다 먹고, 개떡까지 쪄먹으면 약해진 항문이 이를 견디다 못해 찢어진다는 뜻으로 흔히 초근목피로 연명할 만큼 어려웠던 살림살이를 이르는 말이지요.

쑥을 뜯어다 해먹는 음식으로는 쑥버무리, 쑥떡, 개떡 등 여러 종류가 있습니다. 이것은 각각 쑥과 밀가루 중 어느 것을 더 많이 넣느냐에 따라서 그 종류가 달라집니다. 개떡은 막말로 개도 안 먹는다고 해서 개떡입니다. 일단 쑥을 뜯어다가 삶아서 꽉 짠 다음 밀가루가 아닌 쌀겨를 넣고 짓이깁니다. 왕겨는 불도 때고 베갯속도 넣습니다. 그러고 남은 고운 쌀겨를 쑥에 버무려 짓이기면 끈기가 생기고 그것을 찌면 새까맣고 쫀득쫀득한 개떡이 됩니다.

그런데 이렇게 만들어진 개떡이 섬유질 덩어리인지라 질깁니다. 배가 몹시 고프니까 먹을 때는 잘 들어가도 먹고 나면 잘 배출되지 않는다는 것이 문제이지요. 결국 뒷간에 가서 일을 볼라치면 힘을 쓸 때 약한 항문이 찢어져 피가 나고, 게다가 지푸라기며 볏짚을 비벼서 뒷마무리를 해야 했으니 얼마나 아플지 아마 저나 저보다 연세가 드신 분들이라면 상상하기 어렵지 않을 것입니다.

수수풀떼기, 호박풀떼기 정도로도 끼니를 잇지 못하는 경우가 허다할 만큼 그 시절에는 보릿고개 넘기기가 어려웠습니다. 이럴 때는 심지어 쥐를 잡아먹기도 했습니다. 미국에서 공수된 딱딱하게 굳은 분유도 아이들의 요깃거리였습니다. 학교에 가마솥을 걸고 이 덩어리 분유를 끓여서 소금을 뿌린 다음 한 국자씩 퍼주면 아이들은 이것을 후루룩 마셔버립니다. 그것이 점심입니다.

인생의 간난신고

이렇게 가난하다보니 여섯 형제가 영양실조로 죽고 말았습니다. 전쟁이 끝나자마자 시집간 누나를 빼면, 아홉 형제가 남은 셈인데 그중 여섯이 죽고 셋만 남게 되어 나이 터울이 많이 생겼습니다. 고생이야 이루 말할 수 없었지요.

그러던 어느 날 아버지는 그 당시 중학교에 다니는 열다섯 살 먹은 큰형을 불러놓고 "동생들이 자꾸 죽으니 이러다 다 죽겠구나. 아무래도 네가 장가를 가서 살림을 맡아야겠다"라고 당부하시더랍니다. 그래서 큰형님은 중학교 2학년으로 학교를 중퇴하고 장가를 들어 집안을 떠맡게 되었습니다.

장가를 든 큰형님이 텃밭에 농사를 짓기도 하고 동네 품앗이도 다니면서 어렵사리 집안을 꾸려나가던 어느 날이었습니다. 큰형님은 학교 갔다 돌아온 둘째형을 불러다가 "애야, 내가 아무리 농사를 열심히 짓는다고 해도 우리가 먹고 살기는 어렵겠구나. 이러다 다 죽겠다. 그러니 내가 도시에 가서 돈 벌어가지고 올 때까지 네가 대신 살림을 맡아 하고 있거라"라고 말했습니다. 그래서 그때 겨우 초등학교 4학년생이던 둘째형 역시 그만 학교를 중퇴하고 말았습니다.

어린 저는 이제 둘째형과 단 둘이 지내게 되었습니다. 그런데 어느 날 둘째형이 갑자기 사라져버렸습니다. 너무나 공부하고 싶어 하던 둘째형이 그만 집을 나가버린 것입니다. 결국 저는 졸지에 혼자 남게 되었습니다.

어찌할 바를 모르고 있던 차에 아버지가 소사읍(지금의 경기도 부천시)에 살고 있다는 소문이 들려왔습니다. 처지가 막막해진 저는 아버지를 찾아갔습니다. 아버지는 낯선 아주머니와 살고 있었습니다. 아버지는 대뜸 "이분이 네 어머니다"라고 했습니다. 결국 저는 생전 처음 보는 아주머니를 어머니라고 불러가며 단칸방에서 함께 살게 되었습니다. 연탄 한 장, 구공탄 한 장 살 돈이 없어서 학교 갔다 오면 나무하러 다니면서 살아야 했습니다.

이후로도 제 유년시절의 고생은 계속되었습니다. 하지만 비단 저뿐이겠습니까? 지금은 다들 엇비슷하게 살고 있는 것처럼 보이는 사람들에게도 인생의 가혹한 계절이 있었다는 것을 기억하십시오. 출애굽한 이스라엘 백성은 40년 동안 메마른 땅을 걸었습니다. 메마른 땅을 40년간 걸었지만 지치지 않을 수 있었던 것은 하나님이 비춰주신 구름기둥, 불기둥을 보며 가나안의 꿈을 안고 행군했기 때문입니다. 세상살이가 아무리 고달파도 성령 충만하여서 뜨거운 사랑과 소망의 가슴으로 매순간 어려움을 이겨나간다면 우리는 하나님의 복을 체험하게 될 것입니다.

Never Give Up!

■ 시련은 있으나 좌절은 없다!

- 하나님의 은혜를 받아야 불붙는 삶의 능력이 나타난다.
- 하나님의 구름기둥, 불기둥의 인도를 받을 때에 인생광야를 이길 수 있다.

"여호와는 나의 목자시니 내가 부족함이 없으리로다 그가 나를 푸른 초장에 누이시며 쉴 만한 물가로 인도하시는도다" (시 23:1,2).

02 예수로 불타는 인생이 되라

스물다섯 살이 되어서야 저는 변화되었습니다. 예수가 나의 구주이며, 내가 죄인인 것을 깨달아 회개하고 예수를 인격적으로 영접하고 나니 성경말씀이 내 눈 속으로 빨려 들어오는 것만 같았습니다.

원망이 더해져서…

저는 여섯 살 때부터 나쁜 버릇을 죄다 보고 배운 사람입니다. 아버지는 노름에 빠져 집 밖으로 돌고, 집안은 풍비박산이 되어 아이들끼리만 살다 죽는 일을 겪으며 제가 무엇을 배웠겠습니까? 집안일은 전혀 하지 않고 땅을 팔아 없앨 때까지 화투를 손에서 놓지 않는 아버지를 보고 제가 무엇을 배웠겠습니까?

죄를 배운다는 것은 두려운 일입니다. 저는 여섯 살에 화투를 배웠습니다. 또 화투를 하면 돈을 딸 것 같아 가난 좀 면해보자고 아버지 주머니에서 백 환짜리까지 훔쳤습니다. 될성부른 나무는 떡잎부터 알아본다고 여섯 살짜리가 초등학교 4

학년하고 화투치기를 하다 가진 돈을 전부 잃었으니 어찌 되었겠습니까? 그날 아버지는 저를 개 패듯이 때렸습니다.

스물다섯 살이 될 때까지 저는 아버지에 대한 원망, 형제들에 대한 원망으로 가득 차서 세상을 똑바로 보지 못했습니다. 저는 중학교까지 다녔지만 고등학교에는 가지 못했습니다. 형제들은 뿔뿔이 흩어졌고, 아버지, 어머니에게도 아무런 기대를 할 수 없는 처지에 집안 누구도 학비를 대주지 못했기 때문이지요. 하지만 돈도 없고 배경도 없는 사람이 살 길은 실력밖에 없다고 생각한 저는 어떻게든 고등학교에 진학해야 한다, 어떻게든 고등학교에 진학하려면 돈을 벌어야겠다고 결심했습니다. 또한 고등학교에 가지 못한다고 하니 공부가 유난히 더 하고 싶었습니다.

공부를 목표로 하니 노동도 재미있었다

"○○일보 배달소년 구함!"

신문을 돌리면 돈을 벌 수 있겠다고 생각한 저는 새벽 4시 반부터 2시간 동안 신문 130부를 돌렸습니다. 물론 걷고 뛰면서 말입니다. 일단 돈을 벌 수 있다는 마음에 가슴이 뜨거워졌습니다. 돈을 벌어서 앞으로 1년 뒤 고등학교에 간다, 그리고 어떻게든 공부를 열심히 해서 이 가난을 면해야겠다는 꿈을 품고 신문을 돌리니까 피곤한 줄도 몰랐습니다. 그렇게 3개월간 신문을 돌렸는데 신문보급소에서 6백 원씩 주기로 한 월급을 주지 않는 것입니다. 저는 지국장에게 신문을 돌린 지 3개월이나 지났는데 왜 월급을 주지 않느냐고 물었습니다.

"야! 임마! 수금이나 똑바로 해와. 너는 수금 성적이 65퍼센트도 안 되잖아."

정말이지 제가 신문을 돌리는 집 중에 1년 6개월 이상 신문을 보았지만 구독료를 한 달 치도 안 낸 강심장을 비롯해서 4개월, 8개월씩 구독료가 밀린 집이 수두룩했습니다.

"아주머니! 저 월급 타게 구독료 좀 주세요."

"ㅇㅇ일보 지겹다, 끊어! 끊으면 구독료 주마."

"지국장님, 신문 끊으면 구독료 주겠다는데요."

"임마, 밀린 거 받으면 끊어, 응?"

이쪽에서는 구독료를 받으면 신문 끊어라, 저쪽에서는 신문 끊으면 구독료를 준다는 실랑이 속에서 저는 소망을 잃었습니다. 일 시키고 돈 안 주고, 신문 보고 돈 안 내다니, 저는 오기가 솟았습니다. 하루는 구독료로 수금한 돈을 밀린 월급으로 계산하여 가지고 도망쳐버렸습니다. 속으로는 정당한 노동의 대가를 받은 거라고 생각했지만 인수인계도 하지 않고 도망쳤다는 생각에 불쑥불쑥 지국장의 얼굴이 떠올라 몹시 불안했습니다. 그후 목사안수를 받을 때 제가 가장 먼저 회개한 것도 바로 그때 인수인계도 하지 않고 제멋대로 도망친 일이었습니다.

그후 막노동을 시작하게 된 저는 땅 파는 일을 하면서 깨달은 바가 너무 많았습니다. 세상에서 정말 힘든 일이 뭐라고 생각하십니까? 물론 목회나 공부도 힘이 들었습니다. 하지만 지금도 '열다섯 살 소년이 하루 종일 땅을 파고 흙을 퍼서 수레에 실어 갖다버리는 일이 가장 힘들지 않았을까?'라고 생각합니다. 막노동을 이틀 하자 등을 구부리면 펴지지 않고, 펴면 구부리기 어려웠습니다. 그때 저는 어린 마음에 '아! 죽으면 죽었지 막노동은 못하겠다. 이렇게 땅 파면서 사느니 죽는 게 낫다. 이 일을 면하려면 공부해야겠구나! 정말 학교에 가야 한다!'라고 굳게 마음먹게 되었습니다.

그때부터 영어책을 싸가지고 다니면서 책을 깡그리 외우기 시작했습니다. 어른들이 허리도 펼 겸 짬짬이 쉬는 시간에도 저는 영어책을 외웠습니다. 막걸리를 반주 삼아 점심을 먹고 나서 다들 잠깐씩 눈을 붙이는 시간에도 저는 영어책을 외웠습니다. 그 일을 하는 석 달 사이, 저는 돈 9천 원만 번 것이 아니라 내 인생의 고난을 이겨내는 법을 터득했습니다. 비록 몸은 고됐지만 열심히 공부해서 내년에는 반드시 일류 고등학교에 입학하겠다는 마음으로 가슴이 뜨거워졌습니다.

내가 살길은 열심히 공부하는 것이라고 결심하고 나니 학교에 가기 위해서 돈 버는 일이 재미있었습니다. 복숭아가 한철일 때는 기차역에서 사과궤짝을 몇 개 엎어놓고 복숭아 장사도 했습니다. 그러다가 가끔은 얼굴이 붉어지는 일도 겪었습니다. 교복 입고 가방 들고 폼 잡으면서 지나가는 동창생들이 나의 초라한 모습을 흘끗 쳐다볼 때입니다. 그럴 때마다 제 속에서는 또다시 오기가 발동했습니다. 저는 속으로 '두고 봐라! 내가 더 좋은 학교에 들어갈 거다' 라는 각오를 다져가며 열심히 장사하고 밤새도록 공부했습니다. 결국 저는 경복고등학교에 들어갔습니다. 저는 학교에 갈 처지나 능력이 되지 않는 사람이었습니다. 하지만 낙망하거나 주저앉지 않았기에 결국 큰 변화를 경험하게 되었다고 생각합니다.

예수로 불타는 친구와의 만남

소사읍에서 새어머니와 살림을 차린 아버지를 찾아갔던 초등학교 4학년, 그때 저는 '이상호' 라는 친구를 만났습니다. 제 짝이 된 상호는 성령으로 불붙은 사람이었습니다.

상호네 식구는 모두 아홉이었습니다. 그의 아버지는 경상

남도 밀양에서 고등학교 교장을 지냈는데 국회의원으로 출마했다가 망해서 소사로 와 아홉 식구 모두 단칸방에서 생활하고 있었습니다. 아버지는 예수를 믿지 않았지만 어머니가 예수를 믿었습니다. 바로 그 가정의 셋째 아들 상호가 제 인생에 작은 불씨를 심어주었습니다. 여름방학이 되자 그 아이가 나를 찾아왔습니다.

"인중아! 나랑 교회 가자."

저는 그때까지 한 번도 교회에 나가본 적이 없었습니다.

"교회가 뭐 하는 데냐?"

상호가 대답은 하지 않고 "가보면 알아"라고 말하자 저는 궁금해서 견딜 수가 없었습니다. 결국 초등학교 4학년 때 처음 교회에 나가게 되었습니다. 그때가 여름성경학교 기간이었습니다. 조그만 교회에 150명이나 되는 많은 아이들이 모여 율동하고 찬송도 하는데 저는 하나도 모르겠고 재미도 없었습니다. 더욱이 예수가 십자가에서 죽었다가 사흘 만에 살아났다, 예수 믿으면 천국 간다, 부활이 있다, 이런 이야기를 하는데 저는 정말 믿기지 않았습니다.

'뻥이다. 거짓말. 죽으면 끝장이지 무슨 부활이 있어? 가봤나?'

어린 마음에도 정말 믿어지지 않았습니다. 더욱이 학년별로 모여 분반공부라는 것을 하는데, 선생님이 도통 알아들을 수 없는 얘기를 횡설수설하여 정신이 없었습니다. 그러더니 기도하고 마치면서 "얘들아! 내일 또 와라"라고 하길래 다시는 오지 않기로 결심하고 입구에서 신발을 꺼내 신었습니다. 그렇게 문을 나서는 사이에 저는 '아! 내일 다시 와야겠구나!' 라고 마음먹었습니다.

왜 그렇습니까? 나가는데 복숭아를 하나씩 주더라 이 말입니다. 배고프던 그 시절에 공짜로 복숭아를 받으니 이게 웬 떡인가 싶었습니다. 사람은 애나 어른이나 코 밑을 열어주면 마음이 열린다는 말이 틀리지 않았습니다. 매일매일 복숭아, 자두, 포도를 얻어먹는 기분이 꽤 괜찮았습니다. 그랬더니 우등상, 개근상, 모범상, 상이라는 상은 다 주고, 연필, 공책, 필통, 성경도 막 주는 겁니다. 저는 교회에 열심히 나오면 공짜로 학교 다닐 가망도 있겠구나 싶어 상 타는 재미에 열심히 다녔습니다.

중학교에 들어가자 교회에서는 상 타는 것보다 더 재미있는 일이 생겼습니다. 교회에 가면 여학생들을 마음대로 만날 수 있어서 너무 좋았습니다. 2학년이 되자 선배들은 제가 믿음이 좋다면서 총무를 하라고 했습니다. 그래서 덜컥 총무를 맡았습니다. 그렇지만 설교 시간에 말씀을 들으면서 그렇게 믿으려 해보아도 믿어지지 않는 것은 마찬가지였습니다.

'뻥이야! 거짓말! 바람 잡네!'

저는 오로지 2부 순서가 좋았습니다. 중등부가 부흥하려면 임원들의 단합이 필요하다고 하여 땅콩, 초콜릿, 오징어까지 사다놓고 조그만 골방에 남학생과 여학생이 섞여 앉아 옆에 앉은 사람이 하는 모양을 따라 하는 놀이로 마냥 신이 난 적도 있습니다. 이상하지요? 사람은 왜 자기 손바닥을 치면 아무 감각이 없는데 이성의 손과 닿으면 전기가 오는지 그때는 알 수가 없었습니다. 그렇게 한창 교회에서 노는 재미에 빠져 있다가 중학교를 졸업한 뒤 가정형편상 상급학교에 진학하지 못한 저는 갖은 고생 끝에 1년 후 고등학교에 진학하게 되었습니다.

중3을 가르치는 고1 학원 강사

고등학교에 진학하고 난 뒤 저는 고1인데도 학원에서 중3을 가르쳤습니다. 비록 고등학교에 들어갔다고는 하나 그때에도 먹고사는 게 문제였던 저에게 어느 날 교회 선배 형님이 찾아왔습니다. 동국대학교 수학과에 재학 중이던 선배는 새로이 학원을 차리고 자신이 전공과목인 수학을 가르치고 있었습니다. 그런 다음 저에게는 재수하여 경복고등학교에 들어갔기 때문에 중3도 충분히 가르칠 수 있다고 하면서 영어를 가르쳐보라고 권한 것입니다. 실력만 있으면 고1도 중3을 가르칠 수 있습니다.

파란만장한 인생에서 살아남기 위해 저는 고3 때에도 중3을 지도하는 과외를 하며 입시를 준비했습니다. 하지만 서울대 문리대에 낙방하고 말았고 그 뒤 다시 재수할 때 역시 밤새 양계장 지키는 일도 마다하지 않으며 공부했습니다. 공짜로 먹여주고 방도 한 칸 내주었기 때문에 밤새 닭을 지키면서 공부도 하고 일석이조였습니다.

그때 저는 황 목사님을 만났습니다. 그 분이 저에게 이렇게 말했습니다.

"김 선생, 대학 가고 싶으면 새벽기도회에 한번 나와봐요?"

저는 속에서 열이 확 치솟았습니다.

'이러니까 교회가 부흥이 안 되는 건 당연해. 재수생한테 공부 열심히 하라고 해야지 새벽기도 나오라고 하다니…. 어쩌다 이런 광신자를 만나게 되었을까?'

그런데 이상했습니다. 생각이 바뀌면서 순간적으로, '설마 목사님이 거짓말하랴? 내 힘만으로 안 되는데 한번 해보자!'라는 인간적인 계산을 하게 되었고, '떨어지면 내 인생, 책임지시오'라는 심정으로 매일 새벽기도회에 나가기 시작한 것입니다.

나만의 새벽기도, 그리고 대학 합격

저는 고입 재수를 하던 열다섯 살에 이미 술을 배웠기 때문에 술을 아주 잘 마셨습니다. 화투는 여섯 살, 술은 열다섯 살, 담배는 열여덟 살에 배웠습니다. 그러나 저는 초등부, 중등부의 찬양대 출신입니다. 교회 안에서는 "거룩 거룩 거룩…" 하다가 교회 바깥으로 나오면 '칙!' 하고 담배에 불을 붙이곤 했지요.

혼자 공부하다보니 수험 정보가 턱없이 부족했습니다. 그래서 가끔 광화문 대성학원에서 재수하는 동기들을 만났는데 그러다보면 자정을 넘기기가 예사입니다. 새벽 2시까지 술을 마신 뒤 다들 근처에 있는 자신의 집에서 자고 가라고 권해도 저는 굳이 집에 가야 한다고 고집을 피웠습니다. 세상없어도 집에 들어가야 한다는 저에게 친구들은 집요하게 그 이유가 무엇인지 물었습니다.

"나, 내일 새벽기도 가야 해."

"야, 술 먹고 무슨 새벽기도를 간다고 그래?"

그때 저에게는 신앙심이 없었습니다. 하지만 목사님이 믿으면 된다고 했고, 한 번 약속했으면 지켜야 한다, 끝장을 봐야 한다는 저의 굳은 결의 탓에 새벽 3시가 되었든 4시가 되었든 저는 집에 돌아와서 잠을 청했습니다. 그런다고 제가 무슨 천하장사입니까? 통뼈입니까? 새벽에 들어왔다면 도저히 새벽기도회에는 참예할 수 없습니다. 하지만 아침 8시, 9시에 일어나더라도 저에게는 그때가 새벽입니다. 그날 제가 처음 눈 뜬 시각이 새벽이기 때문입니다. 성경 어디에도 오전 5시에 하는 기도만 '새벽기도'라고 말하지 않았습니다. 그렇게 간신히 눈을 뜨면 저는 일어나서 교회에 나가 기도했습니다. 기도 제목은 두 가지입니다.

"이번에 시험에 떨어지면 저는 군대에 가야 합니다. 이미 영장까지 받았습니다. 가난하고 배경도 없고 돈도 없지만 저에게는 꿈이 있습니다. 기도하고 공부하면 대학에 들어간다고 하셨으니 내년에는 반드시 등록금이 가장 싼 서울대학교에 들어가도록 꼭 좀 붙여주십시오. 붙여주시면 하나님을 믿고, 안 붙여주시면 믿지 않겠습니다. 제가 믿음을 가질 수 있도록 증거를 보여주세요. 하나님, 구하는 자에게 좋은 것을 주시겠다고 하셨지요? 그런데 왜 아무것도 주지 않으십니까? 그러지 마시고 하나님, 좋은 것 한 번 줘보세요. 내년에 서울대학교에 들어가게 해주세요."

이렇게 떼를 쓰다가 드디어 시험 보러 가는 날이 되었습니다. 안수기도를 받으라는 말에 저는 머리에 안수기도까지 받고 시험장으로 들어섰습니다. 시험장으로 감독관 선생님이 들어오기 전까지 저는 기도했습니다. 시험이 시작되자마자 기도하고 문제를 풀어나가기 시작했습니다. 풀다가 안 풀리면 또다시 기도했습니다. 5월이면 당장 군대에도 가야 했습니다. 이번 시험에 떨어지면 곧바로 인생 낙오자가 된다는 심정으로 저는 절박하게 매달렸습니다. 그리고 마침내 서울대학교에 합격했습니다. 그것은 온전히 하나님의 은혜였습니다.

기도하고 술먹다?

모든 사연을 전부 나열할 수 없을 만큼 저희 집안은 예수와 아무런 관계가 없었습니다. 시집간 누나는 어린 시절 꿈 한번 펼쳐보지 못하고 숨진 동생들을 위한답시고 불공드리는 일에 여념이 없었습니다. 두 번 이혼한 큰형, 서울시경 특수수사요원으로 데모 주동자나 운동권 학생들을 체포하려고 연일 잠복 근무하던 둘째형을 보더라도 그렇습니다. 그런 사람들을 붙잡아 건수 올리면 건수 올려서 기분 좋다고 술 먹고 놓치면 열 받는다고 술 먹는 사람이 나의 형입니다.

그러나 저는 초등학교 때 이상호라는 친구를 따라 교회에

갔습니다. 믿지 않았지만 좌절하고 방황할 때마다 교회에서 들은 성경말씀이 떠올랐습니다. "구하는 자에게 좋은 것으로 주시는 하나님, 합력하여 선을 이루어주시는 하나님"이라는 말씀이 자꾸만 뇌리를 스쳤습니다. 그래서 도망도 못 가고 또 나가고 또 나갔습니다.

서울대학교에 합격했지만 5월에 가기로 되어 있던 군 입대가 연기되지 않아 저는 두 달 남짓한 대학생활을 접고 군에 입대했습니다. 군대에 가서는 어땠을까요? 월남전에 참전하는 동료들과 어울려 회식이다 송별회다 모일 때마다 연일 술을 마셨고 그래서 교회에 나가지 않기로 결심했지만 어떻게 된 일인지 나는 주일이면 반드시 군대 내의 군인교회에 나갔습니다. 술자리에서 술을 그냥 먹자니 마음이 불편해서 '범사에 감사하라'는 말씀대로 "하나님, 막걸리 주셔서 감사합니다"라고 기도하고 술을 먹으면 동료들은 술 처먹으면서 교회에 나가는 '사쿠라'라고 나를 놀립니다. 술 먹고 밤새 놀고 그러면서도 교회와 하나님이라는 끈을 놓지 않았다는 것이 그저 신기할 따름입니다.

예수님을 만나다

제대하고 나서 저는 정말이지 이제 다시는 교회에 안 나가겠다고 결심했습니다. 왜냐하면 저의 이중생활에 제 자신 역시 환멸을 느꼈기 때문입니다. 목사님 뵐 면목도 없었습니다. 목사님은 제가 무사히 제대했다고 기대에 차 있었지만 정작 저라는 인간은 쓰레기통에 양다리를 걸치고 살고 있으니 이럴 바에는 때려치우자고 결심했지요.

그러나 하나님은 그런 제게 또다시 예수로 불타는 여인 한 명을 보내주셨습니다. 같이 입학한 동기생들은 이미 4학년이 되었지만 복학생인 저는 이제 겨우 1학년인 상태였습니다. 그런데 한 여학생이 저를 찾아왔습니다.

"김인중 씨, 교회에 다니면서 왜 그렇게 술 먹고 놀기 좋아합니까? 그러지 말고 저를 따라오세요."

4학년이 따라오라는데 1학년이 별 수 있습니까? 당도한 곳은 CCC였습니다. 거기서 저는 제 인생의 불을 받았습니다. 그 곳에서 만난 김준곤 목사님은 4일간 예수의 유일성에 대해 말씀해주셨습니다. "왜 예수를 믿어야 구원받는가?", "예수님은 정말 하나님의 아들인가?", "예수님은 왜 십자가에서 죽었는가?", "정말 사흘 만에 부활했는가?", "천국과 지옥이 있는가?"에 대해 배웠지만 저는 속으로 첫째 날도 '뻥이다!', 둘째 날도 '거짓말!', 셋째 날도 '사람 잡네, 어떻게 저렇게 거짓말을 잘할까?' 라고 생각했습니다.

그런데 넷째 날이 되자 저는 '아! 나는 죄인이구나! 예수님이 나 때문에 죽었구나! 예수님이 하나님의 아들이로구나!'라는 점을 깨달았습니다. 나를 위한 복음과 성령, 십자가에서 쏟은 예수님의 피의 사랑을 깨달았습니다. 믿기로 작정한 사람은 손을 들라는 말에 손을 들었고 기도도 했습니다. 그날로 내 속에 구원의 확신이 찾아들었습니다. "영접하는 자 곧 그 이름을 믿는 자들에게는 하나님의 자녀가 되는 권세를 주셨으니"(요 1:12)라는 말씀을 분명히 믿는 은혜를 받았습니다.

땅에 떨어진 밀알 하나

스물다섯 살이 되어서야 저는 예수님으로 말미암아 변화되었습니다. 그때부터 저는 저를 통해 우리 가정을 변화시켜달라고 기도하기 시작했습니다. 예수가 나의 구주이며, 내가 죄인인 것을 깨달아 회개하고 예수를 인격적으로 영접하고 나니 성경말씀이 내 눈 속으로 빨려 들어오는 것만 같았습니다.

그중에서도 "주 예수를 믿으라 그리하면 너와 네 집이 구원을 얻으리라"(행 16:31)라는 말씀을 읽을 때마다 제 가슴은 뜨거워졌습니다. 나 같은 죄인도 용서하고 변화시켜주신 하나님이 보살을 자처하는 나의 누나, 깨진 큰형님의 가정과 둘째형을 모두 부르러 오셨다는 것을 믿었기 때문입니다. 건강한 자에게 의원이 쓸데없고 병든 자에게 의원이 쓸 데 있는 것처럼 인자(人子)가 온 것은 의인을 부르러 온 것이 아니요, 죄 많은 나, 죄 많은 우리의 가정을 구원하러 오신 것을 믿었기 때문입니다.

두 번 이혼한 큰형님네 식구들을 모두 합치면 조카만 열아홉 명입니다. 세상적으로 보면 아무런 희망이 없었습니다. 하지만 저는 사마리아 수가성의 여인을 용서하고 변화시켜 들어 쓰신 하나님께서 큰형님도 변화시켜주실 것을 믿었습니다. "나중 된 자로서 먼저 되게" 하시며, "사람으로는 할 수 없으되 하나님으로서는 다 할 수 있느니라"라고 하였듯이 하나님께서 우리 가정의 주치의가 되어 친히 고쳐주시리라 믿었습니다. 남들이 다들 손가락질한다 해도 하나님은 우리를 변화시켜서 소금처럼, 빛처럼 쓰실 수 있는 능력의 아버지가 되신다는 것을 믿었습니다.

저는 그때 33년 동안 보살로 지내온 저의 큰누나가 권사가 될 것을 믿었습니다. 큰형에게 둘이나 있던 부인 중 한 사람이 정리되는 일이 벌어질 것을 믿었습니다. 고희(古稀)를 지난 형이 예수를 믿고 나서 돋보기를 쓴 채 1년 동안 신구약을 열네 번 읽었다면 믿으시겠습니까? 저는 서울대학교 4학년 때 신학교에 간다고 해서 큰형님 집에서 밥 먹다말고 쫓겨났습니다. 그 당시 저를 쫓아낸 형님이 지금은 저에게 안수를 받습니다. 둘째형님은 장로가 되었습니다. 이렇게 한 사람의 변화가 온 가정을 변화시킨다는 사실을 믿고 당신도 이 기적을 체험하시기 바랍니다.

Never Give Up!

시련은 있으나 좌절은 없다!

- 예수로 불타는 사람만이 다른 사람을 변화시킬 수 있다.
- 인생의 풍랑으로 인해 더 빨리 달릴 수 있다.

"우리가 알거니와 하나님을 사랑하는 자 곧 그 뜻대로 부르심을 입은 자들에게는 모든 것이 합력하여 선을 이루느니라" (롬 8:28).

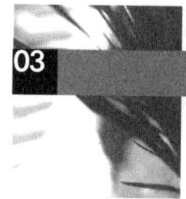

03 나누고 섬기는 열혈인생이 되라

주면서 살아야 합니다. 우리는 한 아버지를 믿는 한 형제요, 자매입니다. 그런 우리가 사랑으로 대접하는 모습은 당연히 하나님을 기쁘시게 할 것입니다. 뜨거운 가슴으로 먼저 대접해보십시오. 그러면 그렇게 기분 좋을 수가 없습니다.

나누고 섬기는 효용가치를 창출하라

사도행전에 소개된 초대교회 사람들은 사랑의 나눔, 사랑의 섬김으로 불탔던 사람들이었습니다. 그들은 나 혼자 잘 먹고, 나 혼자 잘 살다 죽겠다고 하지 않았습니다. 모든 물건을 서로 통용했고 재산과 소유를 팔아 각 사람에게 필요한 대로 나눠주었습니다.

현재 저희 안산 동산교회에서는 7년째 하루 평균 160명씩 60세 이상 된 노인들에게 무료급식을 하고 있습니다. 이 일에 250명의 자원봉사자가 동참하고 있습니다. 또 지난 12년간 계속해온 이미용 봉사나 호스피스 봉사 등을 감당하는 분들에게는 하나님께서 그 마음에 기쁨을 주시고, 뜨거운 가슴으로 더 많은 사람을 섬기려고 애쓰는 마음까지 주십니다. 내 안에 성령의 불이 뜨거우면 멀쩡한 사람에게도 불을 붙일 수 있습니다.

돈을 아무리 많이 쌓아놓았다고 해도 죽을 때 돈을 가져갈 수 있는 사람은 없습니다. 북한으로 소 떼를 몰고 올라갔던 왕 회장도 죽을 때 소 한 마리 끌고 가지 못했습니다. 서산 간척지에 수천만 평의 땅이 있었지만 한 평도 퍼가지 못했습니다. 몇 천억 원대의 주식이 있으면 뭐합니까? 가져갈 수 있습니까? 심지어 늘 쓰고 다녔던 안경도 가져가지 못했습니다. 주는 것이 받는 것보다 더 복이 있습니다. 잊지 마십시오. 돈은 유통될 때만이 좋은 일에 기여할 수 있습니다.

돈 뿐만이 아닙니다. 자신의 직업을 통해서도 하나님과 이웃을 어떻게 섬길지 생각해야 합니다. 저희 교회에 서울대 의대, 연대 의대를 고사하고 경희대 한의과에 입학한 한 여학생이 있었습니다. 어릴 때부터 저희 교회 선교원을 졸업하고 주일학교를 나왔으며, 안산 동산고등학교를 졸업한 이 학생은 안산에 있는 9개 고등학교에서 전체 1등을 했습니다. 서울대 의대를 비롯해서 어디든지 갈 수 있는 점수를 받았습니다. 그런데도 굳이 경희대 한의과를 선택했습니다. 왠지 아십니까? 늙어서 계속 봉사하려면 침을 놓는 한의학을 배워야겠다고 생각했기 때문입니다. 수술하고 주사 놓는 일은 여간 힘겨운 일이 아닙니다. 지속적으로 선교하기 위해, 좀더 오랜 기간 동안 나누고 섬기는 삶을 살기 위해 그 학생은 경희대 한의과에 들어간 것입니다.

덜 죽으면 꿈틀거리는 게 인생!

우리나라 속담에 "지렁이도 밟으면 꿈틀 한다"라는 말이 있습니다. 그러면 지렁이를 밟으면 왜 꿈틀거릴까요? 아파서 그럴까요? 틀렸습니다. 바로 덜 죽었기 때문입니다. 교인들 가운데 말 한마디에 상처를 받고 혈압이 올라 얼굴이 벌게지는 사람이 있습니다. 심지어 교회를 떠나거나 옮기는 교인도 있습니다. 그것은 자신이 덜 죽었기 때문입니다. 제자훈련이야말로 죽는 훈련이라는 것을 잊지 마십시오.

죽은 사람은 말이 없습니다. 예수님의 모습을 보고 싶거든 무릎을 꿇으십시오. 지금도 열 받습니까? 아직까지 무릎 꿇지 않았기 때문입니다. 남편 앞에, 아내 앞에 무릎을 꿇고 앉아 그 발을 씻겨보십시오. 무좀 걸린 발가락, 티눈 박인 발가락을 싹싹 닦아주십시오. 남편과 아내, 아이들을 섬기느라 애쓰는 그 발을 씻겨주십시오. 우리의 눈이 실룩거리고 우리의 입이 비뚤어진다는 것은 우리가 덜 죽었기 때문입니다.

덜 죽으면 꿈틀거리게 되어 있습니다.

뜨거운 가슴의 대접

초대교회의 부흥의 역사를 생생하게 보여주는 성경이 사도행전입니다. 초대교회는 기적의 불이 타오르는 교회였습니다. 수많은 기사와 표적이 일어났던 교회였습니다. 불타는 가슴으로 사랑을 나누고 사랑으로 섬겨 부흥한 교회입니다.

"피차 사랑의 빚 외에는 아무에게든지 아무 빚도 지지 말라"(롬 13:8).

성경은 '빚지라'고 말하지 않습니다. "피차 사랑의 빚 외에는 아무에게든지 아무 빚도 지지 말라"라고 말씀합니다. 그러나 단 하나, 사랑의 빚은 져도 됩니다. 그럼 사랑의 빚이란 무엇입니까? 달라는 소리 하지 않아도 자꾸만 주는 것, 달라고 하지 않았는데도 누가 주면 잊지 않고 감사하는 것, 잘 쓰는 것입니다.

저도 집회 차 타교회를 방문하면서 사랑의 빚을 많이 져보아서 압니다. 제가 부탁하지도 않은 옷가지며 과일, 주스, 사탕 이런 것이 제 숙소에 정성스럽게 마련되어 있는 것을 보면 저는 감사히 씁니다. 만일 쓰지 않고 그대로 두면 사랑을 베풀어준 사람이 시험에 들 수 있기 때문입니다. 달라 하지 않았는데도 자꾸 권하면 감사하면서 받는 것, 이것이 우리가 지는 사랑의 빚입니다.

그런데 대접 받으면 기분이 어떻습니까? 솔직히 기분이 좋습니다. 더욱이 내가 줄 수 있다면 그때는 기분이 더욱 좋습니다. 그래서 저도 자주 주고 있습니다. 잊지 마십시오. 주면서 살아야 합니다. 우리는 한 아버지를 믿는 한 형제요, 자매입니다. 그런 우리가 사랑으로 대접하는 모습은 당연히 하나님을 기쁘시게 할 것입니다. 뜨거운 가슴으로 먼저 대접해보십시오. 그러면 그렇게 기분 좋을 수가 없습니다.

저도 교인들에게 밥을 살 때가 있는데, 3천 원짜리 옛날 자장면 하나에 만두 두 개씩 차례가 오게 해도 눈물 흘리는 교인들이 있습니다.

"목사님, 이제까지 20년 동안 교회생활을 했어도 목사님한테 얻어먹기는 처음입니다."

아침에 뜨거운 커피 한 잔, 피자 한 쪽을 시켜놓고 교제하며 이야기도 나누고 기도해보십시오. 그러면 악수 백 번 하는 것보다 더 뜨거운 사랑이 불타오를 것입니다. 주는 것이 받는 것보다 복이 있기 때문입니다.

에쿠스만큼의 봉사

이처럼 불타는 사랑이 있고 불타는 예배가 있던 교회가 초대교회였습니다. 그들은 날마다 성전에 모이기를 힘썼다고 했습니다. 대각성 집회가 있을 때나 수요일에만 모인 것이 아닙니다. 다락방이나 교회, 성도의 집에 모여 음식을 먹고 교제했습니다. 말로만 사랑하는 것이 아니요, 그 사랑으로 불타올라 나누고 베풀기를 자신의 재산과 소유를 팔아서 그리했다고 합니다. 조국을 위해, 북녘 동포를 위해, 이웃을 위해 정직하게 내어놓는 것입니다.

우리 중에 있는 연약한 교인 하나를 살리는 데 내놓는 물질은 그렇게 아까워하면서 에쿠스나 체어맨을 타고 다닌다면 그것은 이중 잣대의 소치라고 아니할 수 없습니다. 물론 좋은 차를 타면 안전하고 덜 피곤합니다. 일을 많이 하는 사람이 그런 차를 탑니다. 대신 에쿠스를 탄다면 에쿠스 값만큼 남에게도 나눠주십시오.

"주라 그러면 너희에게 줄 것이니 곧 후히 되어 누르고 흔들어 넘치도록 하여 너희에게 안겨주리라"(눅 6:38).

말로만 사랑할 것이 아니라 뜨거운 가슴으로 우리보다 약한 사람, 부족한 사람에게 나누어주고 그들을 도우며, 섬기는 일에 불타올라야 합니다. 그러면 많은 사람들의 칭찬을 받으며 초대교회의 삶의 모습과 같이 날마다 부흥하는 인생이 될 것입니다.

살아갈 용기를 얻으려면

그러면 이렇게 불타는 부흥의 역사는 도대체 어떻게 해서 일어나게 되었을까요? 그 배경을 살펴보기 위해서 다음 말씀에 주목할 필요가 있습니다.

"오순절날이 이미 이르매 저희가 다같이 한 곳에 모였더니"(행 2:1).

이 부흥은 우연히 일어난 것이 아닙니다. 성령을 받기 전 그들은 다락방에 모여 기도했습니다. 그런데 홀연히 예측하지 못한 시간에 하늘로부터 급하고 강한 바람 같은 소리가 온 집안에 가득하고 불의 혀같이 갈라지는 것이 휙 보이더니 모여 있는 각 사람에게 충만히 임했습니다. 신비한 성령의 불이, 성령의 기름 부으심이, 기다리고 사모하던 120명 모두에게 충만히 찾아온 것입니다. 더욱이 그들에게 서로 다른 방언을 말하는 은사가 임했습니다.

"성령이 말하게 하심을 따라 다른 방언으로 말하기를 시작하니라"(행 2:4).

그 방언이 다는 아닙니다. 그러나 분명한 것은 방언을 주신 분이 있고 받은 사람이 있었다는 것입니다. 방언을 사모하고 부흥을 사모하여 초대교회에 임한 성령을 체험하게 되기 바랍니다. 120명이 한자리에 모여 기도하다가 성령의 능력을 받은 것처럼 우리도 성령의 능력을 받으면 살아갈 용기가 생긴다는 것을 믿으시기 바랍니다.

부흥의 도화선이 된 회개의 역사

예수님을 세 번이나 모른다고 했던 베드로, 예수님의 부활을 의심한 도마, 예수님의 좌편이냐 우편이냐를 따지던 야고보, 요한 등 시시하고 보잘것없는 모습의 제자들이 어떻게 변했습니까? 예루살렘 거리로 나가 말씀을 전하여 3천 명의 가슴에 불을 질렀고 냉랭한 그들을 회개시켰습니다. 그 말을 들은 사람들의 마음이 찔려 이렇게 탄식하도록 만들었습니다.

"우리가 어찌할꼬?"

"회개하여 각각 예수 그리스도의 이름으로 세례를 받고 죄 사함을 얻으라 그리하면 성령을 선물로 받으리니"(행 2:38).

그랬더니 베드로의 말대로 세례를 받고 제자가 된 사람의 수가 3천이나 되었습니다. 120명의 개척교회에서 성도의 수가 3천 명으로 늘어나는 부흥을 경험하게 된 것입니다. 오늘날 의심하고 염려하는 사람들도 말씀을 듣고 성령을 받으면 의심이 없어지고 두려움이 없어지며, 내 가족과 이웃을 사랑으로 섬길 수 있는 불타는 성령의 능력을 받게 되리라 믿으십시오. 이 불타는 능력으로 당신의 삶과 이웃의 삶을 변화시키는 사람이 되기를 바랍니다.

Never Give Up!

■ 시련은 있으나 좌절은 없다!

- 돈지갑이 회개한 사람은 하나님과 이웃을 위해 돈을 쓴다.
- 성령의 불에 데인 사람만이 인생부흥의 불을 붙일 수 있다.

"오직 성령이 너희에게 임하시면 너희가 권능을 받고 예루살렘과 온 유대와 사마리아와 땅끝까지 이르러 내 증인이 되리라 하시니라"(행 1:8).

2부

성령의 능력이 이끄는 놀라운 삶

****

우리의 삶 가운데 능력을 끌어들이는 비결은 단 하나입니다. 가정에서든, 교회에서든, 성령께서 다스려주시기를 구해야 합니다. 구하는 자마다 그 가정과 교회에 성령을 주시며 성령으로 다스려주시고 성령의 능력이 나타날 것입니다.

****

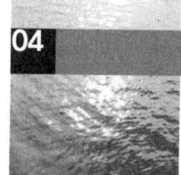

04 내 가슴에 성령의 불이 붙어야 산다

성령의 권능을 받아 예루살렘을 변화시키고 온 유대와 사마리아와 땅 끝까지 이르러, 영혼과 육체와 삶을 변화시키려면 제자들은 불덩어리가 되어 자신의 영혼을 불태워야 합니다. 그렇게 불타야 다른 사람들에게도 그 불을 전할 수 있기 때문입니다.

성령의 불

사도행전 2장 37절부터 47절까지는 초대교회에 관한 놀라운 현장 보고입니다. 다락방에서 시작된 초대교회가 폭발적인 성령의 능력을 받아 수많은 사람들의 가슴에 성령의 불을 지피고 복음으로 사람들을 변화시키는 장면이 기록되어 있습니다. 그러면 성령세례란 무엇입니까?

"오직 성령이 너희에게 임하시면 너희가 권능을 받고 예루살렘과 온 유대와 사마리아와 땅 끝까지 이르러 내 증인이 되리라 하시니라"(행 1:8).

제자들은 이미 성령으로 거듭났습니다. "주는 그리스도시요 살아 계신 하나님의 아들이시니이다"(마 16:16)라고 고백한 베드로 역시 천국의 열쇠를 받았고 구원 얻는 믿음을 가지고 있었습니다. 그런데도 예수님은 다음과 같이 말씀하십니다.

"성령세례를 받아야 한다, 성령의 권능을 받아야 한다, 성령의 권능을 받되 충만히 받아야 한다, 성령의 기름 부음을 받되 쩨쩨하게 받지 말고 충만히 받아야 한다."

왜 그렇습니까? 중생했다고, 예수 믿었다고 다 되는 것이 아니기 때문입니다. 그들이 성령의 권능을 받아 예루살렘을 변화시키고 온 유대와 사마리아와 땅끝까지 이르러, 영혼과 육체와 삶을 변화시키려면 제자들은 불덩어리가 되어 자신의 영혼을 불태워야 합니다. 그렇게 불타야 다른 사람들에게도 그 불을 전할 수 있기 때문입니다.

교회의 강대상에 시너를 뿌리고 불을 붙인다면 어떻게 되겠습니까? 강대상의 카펫만 타는 것이 아니지요. 이 불은 멀쩡한 나무나 쇳덩어리까지 전부 엿가락처럼 휘게 하는 능력을 나타내며 의자와 건물까지 모두 다 태울 것입니다. 더 큰 성령의 불, 성령의 기름 부으심을 사모하여 그것을 충만히 받는다면 내 안에서 뜨겁게 용솟음치는 성령으로 말미암아 지금까지 변화되지 않았던 내 남편, 아내와 자식까지 성령의 불을 받아 사울처럼 변화되는 기적을 체험할 것입니다.

스데반은 복음을 전하다가 반대자 사울 일당의 돌에 맞아 죽습니다. 예수 믿고 봉사하며 전도하다가 돌에 맞아 죽었지만 죽는 그 순간에도 스데반은 그의 가슴속에 불타오르는 성령의 불로 말미암아 저들을 저주하지 않았습니다. "너희 놈들, 나 죽이고 온전히 사나 두고 보자! 너희 놈들 벼락 맞는지 안 맞는지 두고 보겠다"라고 벼르지 않았습니다. 성령으로 불붙은 그는 저주하기는커녕 도리어 정신 나간 사람처럼 이렇게 말했습니다.

"무릎을 꿇고 크게 불러 가로되 주여 이 죄를 저들에게 돌리지 마옵소서 이 말을 하고 자니라"(행 7:60).

이 말은 저들의 죄를 용서해달라는 말입니다. 저들의 죄를 없이 해주시고 구원해달라는 말입니다. 스데반은 저들 대신 용서를 구했습니다. 그는 이 말을 마치고 죽었습니다.

그런데 그후 어떤 일이 일어났습니까? 자기를 죽인 사울과 그 일당을 사랑으로 용서하고 기도한 후 죽어간 스데반의 성령의 불, 복음의 불은 다메섹으로 가는 길목에서 사울을 사로잡아 그를 변화시키는 불로 역사했습니다. 기독교의 핍박자, 최대 악질 사울이 로마제국을 변화시키는 복음의 징검다리 역할을 감당하게 된 것입니다. 사람을 죽이고 가둬가며 복음을 반대하던 사람이 자기 목숨을 내걸고 예루살렘과 온 유대와 사마리아와 땅끝까지 복음을 전하는 전도자로 변화되었습니다. 특별히 이방인들을 위한 사도로서 로마제국에 복음을 전하는 전도자가 되었습니다. "나의 달려갈 길과 주 예수께 받은 사명 곧 하나님의 은혜의 복음 증거하는 일을 마치려 함에는 나의 생명을 조금도 귀한 것으로 여기지 아니하노라"(행 20:24)라고 고백하는 전도자가 되었습니다.

기독교에는 기적과 신비가 있습니다. 예수 믿는 사람들을 핍박하고 죽이던 사람이 로마제국의 역사를 바꾸고 구라파 대륙을, 우상과 미신의 나라를 복음의 나라, 사랑의 나라, 은혜의 나라로 바꾸는 위대한 전도사로 쓰임 받게 된 것이 기적과 신비가 아니고 무엇이겠습니까? 그는 불타는 사랑의 사람을 목격했습니다. 죽어가면서도 용서하고, 죽어가면서도 축복하는 스데반을 쳐다보다가 그 역시 그 불을 받고 사랑으로 불타는 사람이 된 것입니다. 수많은 사람에게 사랑의 불을 붙여주는 불덩어리가 되었습니다.

불타는 삶의 능력

사도행전에 나온 초대교회는 사람만 와글대는 교회가 아니었습니다. 그 교회는 불타는 삶의 능력을 우리에게 보여주었습니다. 처음 모인 120명에서 베드로의 설교를 듣고 세례를 받은 제자의 수가 3천 명(행 2:41)으로, 또 남자의 수가 5천(행 4:4)이나 되었다니 엄청난 부흥이라 아니할 수 없습니다. 하지만 사람만 부흥되고 사람만 변화시킨 것이 아닙니다. 거기에는 놀라운 가슴, 뜨거운 가슴이 있었습니다. 초대교회는 '기적이 불타오르는 교회'였습니다. 사도들로 인해 초자연적인 기사와 표적이 많이 나타나는 교회였습니다.

"사도들로 인하여 기사와 표적이 많이 나타나니"(행 2:43).

물론 우리는 성경에서 수많은 기적을 보았습니다. 물이 포도주가 되고, 죽었던 사람이 살아나는 기적도 목격했습니다. 시냇가에 숨은 엘리야에게 까마귀를 통해 떡과 고기를 공급해주신 하나님도 보았습니다. 엘리야를 대접한 사르밧 과부에게 통의 가루와 병의 기름이 마르지 않는 기적을 베풀어주신 그 하나님이 우리의 하나님이심을 믿으시기 바랍니다.

"너희가 감당치 못할 시험 당함을 허락지 아니하시고 시험 당할 즈음에 또한 피할 길을 내사 너희로 능히 감당하게 하시느니라"(고전 10:13).

"사람으로는 할 수 없으되 하나님으로는 그렇지 아니하니 하나님으로서는 다 하실 수 있느니라"(막 10:27).

우리가 믿는 하나님은 우리를 도우시며 우리에게 기적을 베풀어주십니다.

표적의 체험

사도행전에 나타난 초대교회는 기적과 표적이 부흥한 교회입니다.

저희 교회에 L집사님이라는 분이 있습니다. 결혼한 지 12년이 되었으나 아이가 없어 40일간 새벽기도회에 나와 기도하며 안수기도를 받았습니다. 하나님께서는 그 부부에게 13년 만에 쌍둥이를 주셨습니다. 아들과 딸을 한꺼번에 주셨습니다.

지난 2000년, 다른 사람들은 새천년이 시작됐다고 모두가 아우성인데 P집사님이라는 분이 남편과 함께 새벽기도회에 나와 눈물로 기도하고 있었습니다. 사연을 들어보니 남편의 발가락이 차츰 썩어들어가고 걷지 못하게 되어 병원에 가서 검진을 받아본 결과 버그스 병이라는 진단을 받았다고 합니다. 다리에 모든 핏줄이 막히고 피가 통하지 않아 발가락부터 썩게 되는 병으로, 허벅지까지 퍼지면 양다리를 잘라야 하는 희귀병이었습니다. 부부는 너무나 기가 막혔다고 합니다. 저는 마음을 가라앉힌 뒤 이렇게 말했습니다.

"어차피 잘라야 한다면 굳이 서두를 필요는 없습니다. 교우들과 함께 단 사흘만이라도 기도해봅시다."

온 교인들이 합심하여 기도하고 안수하기를 마친 뒤 다시 검사했습니다. 이때 기적이 일어났습니다. 실핏줄 같이 가느다랗게 피가 통하기 시작했다는 것입니다. 다시 두 달 뒤에 가서 검사를 받아보니 혈관으로 피가 전부 통하게 되었다는 것입니다. 발가락에 새살까지 돋아나기 시작했습니다. 현재 그 분은 완치되어 헌금위원으로 봉사하고 있습니다.

불타는 성도들의 뜨거운 기도, 믿음의 기도를 들으신 하나님은 잘라야만 했던 다리도 자르지 않고 병을 이기도록 도우셨을 뿐만 아니라 멀쩡히 교회에 나와 봉사하게 하셨습니다. 우리가 믿는 하나님은 이런 하나님이십니다. 이 소문이 퍼지자 믿지 않던 영혼, 믿다가 낙심한 사람들에게 다시 한번 전도의 문이 열리는 기적이 일어났습니다. 사람의 힘으로, 돈으로, 권세로도 해결되지 않는 갖가지 문제가 있습니다. 환경의 문제, 영적인 문제, 육체의 문제, 가정의 문제, 인간관계의 문제에 하나님이 역사하시면 문제가 해결됩니다.

사랑과 나눔의 부흥

초대교회는 기적만 부흥하는 교회가 아닙니다. 사랑의 나눔이 부흥하는 교회입니다.

"믿는 사람이 다 함께 있어 모든 물건을 서로 통용하고"(행 2:44).

초대교회는 이기주의가 만연하거나 자기 혼자 잘 먹고 잘 사는 교회가 아니었습니다. 저희 교회 역시 처음 개척할 당시에는 다들 어렵고 가난한 사람들이 모였습니다. 그렇지만 그들도 자기 혼자 잘 살겠다고 하지 않았습니다. 특별히 저는 교인들에게 감사합니다. 저희 교회에는 10평짜리 아파트, 7평 반짜리 임대아파트에서 대여섯 명의 식구가 오밀조밀 사는 세대도 많습니다. 물론 훨씬 넓은 평수에서 사는 중산층 교인들도 있습니다만 대다수가 박봉에 시달리는 기능공이나 공장 종업원입니다. 이런 임대아파트마저 얻지 못해 '벌집'이라 불리는 2층 단독주택에 30가구가 모여 살기도 합니다. 반지하에 10세대, 1층에 10세대, 2층에 10세대씩, 화장실은 두 가구당 하나씩 쓰면서 살아가는 가난한 교인들이 가슴이 뜨거워져서 나누는 일, 주는 일에 미쳤습니다.

교인들은 덜 먹고, 덜 쓰면서 240억 원이라는 어마어마한 돈을 헌금하여 지금의 동산고등학교를 세웠습니다. 대형 수영장과 3천 명이나 들어가는 채플실도 있는 학교가 동산고등학교입니다. 1천7백 명에 달하는 학생들을 교육시키고 매년 600명 이상의 졸업생을 배출하고 있습니다. 방학 기간 동안에는 학생들에게 해외 견학의 기회도 줍니다. 이를 위해 매년 2억 원의 장학금을 지급하며 학교 시설도 보완해줍니다.

이 일을 모두 저희 동산 교인들이 하고 있습니다.

　작년에도 106명이 미국을 견학하며 꿈을 키워나갔습니다. 그들은 앞으로 스탠포드, 버클리, 하버드로 유학가자, 세계적인 인물이 되자, 조국 통일을 준비하자, 세계를 변화시키자고 각오를 다졌습니다. 저 역시 그렇게 되기를 기도하고 있습니다.

　몇 년 전에 졸업한 한 학생은 3년간 학비를 교회에서 전부 대주었습니다. 어느 여 전도사님의 아들인데 형편이 매우 어려웠습니다. 게다가 동산고등학교에서 공부하게 해달라고 해서 저희가 맡아 기숙사에 보낸 것입니다. 이 학생이 공부를 아주 잘했습니다. 방학 동안 미국에도 다녀왔고 서울대에도 붙었습니다. 그 학생이 한번은 저를 찾아왔습니다.

　"이사장님! 기도해주십시오. 저 유학시험을 봤습니다."

　일본정부에서 대한민국 대학생 120명을 뽑아 4년간 공짜로 공부시켜주는 시험을 봤다고 저를 찾아온 것입니다. 그 다음에는 당당히 붙었다고 연락이 왔습니다. 그 다음에 다시 찾아왔을 때에는 이렇게 말했습니다.

　"목사님, 기도해주셔서 일본어 연수를 잘 마쳤습니다. 저는 이번에 서울대를 포기하고 동경대학교 건축공학과에 진학하게 되었습니다."

놀랍게도 120명 중 5등 안에 들어 동경대학교를 선택할 수 있는 권리가 주어져 동경대학을 선택했다는 것입니다. 더욱 놀라운 것은 4년간 전액 장학금과 한 달에 13만 엔씩, 생활비까지 받아가며 공부하게 되었다는 점입니다. 저는 그 학생이 장차 세계적인 건축설계사가 되어 멋진 작품을 하나님께 올려드리리라 믿습니다. 함께 나누는 교회에서는 장차 이렇게 멋진 하나님의 백성들이 더 많이 배출될 것으로 기대합니다.

흐르는 물은 썩지 않는다

지금 우리가 비록 가난하더라도 우리의 아이들을 기르는 교육을 할 수 있습니다. 방학 때는 학생들이 견문을 넓힐 수 있도록 미국의 실리콘 밸리, 마이크로소프트사, 스탠포드대학에 들릅니다. 일본의 동경대학, 도요타, 닛산 자동차를 방문합니다. 지금 우리가 미국과 일본을 모른다면 세계 선두주자가 될 수 없기 때문입니다. 지금은 비록 우리가 뒤쳐지고 어렵다고 하나 장차 미국과 일본을 배우고 능가하여 미국과 일본에 복음을 전하는 정치 경제 종교 사회의 위대한 증인이 되어야 하기 때문입니다. 하나님이 다윗을 들어서 골리앗을 물리치셨듯이 가난한 우리를 들어서 부유한 자를 능히 부끄럽게 할 수 있는 축복의 사람으로 써주실 것을 믿습니다.

지금도 저희 동산 교인들은 학생들이 해외 견학을 할 수 있도록 매년 2억 원씩 학교에 기부하고 있습니다. 하지만 정작 그들은 제주도도 가보지 못했습니다. 그러면서도 베푸는 것을 좋아합니다. "주는 것이 받는 것보다 복이 있다"(행 20:35)라고 하신 말씀을 믿기 때문입니다. 선교하고 구제하고 북한동포를 돕고 연변 과학기술대학을 돕고 나진을 돕고 있습니다. 그렇다고 저희 교회에 부자가 많아서 그런다고 착각하지 마십시오. 다들 힘겹게 살아가고 있지만 그러면서도 주는 훈련이 되어 있기 때문에 헌금하는 것입니다. 부자라고 헌금을 많이 하거나 가난하다고 헌금을 못하는 것이 아닙니다.

주님의 사랑을 깨달은 불타는 가슴을 안고 살아가는 사람은 오병이어를 바친 어린이처럼 자신이 가진 것을 아끼지 않습니다. 보리떡 다섯 개와 물고기 두 마리라는 한 끼 점심 도시락이 없다고 굶어죽지 않습니다. 5천 명이 배불리 먹고 열두 광주리나 남게 하신 기적의 하나님, 축복의 하나님이 우리의 하나님이심을 믿으시기 바랍니다.

항상 부자 된 다음, 모든 것이 다 잘된 다음에 헌금하시겠다고요? 조금만 더 조금만 더, 그러다가 죽으면 전부 다 두고 간다는 것을 왜 모르십니까? 성령을 받고 예수 그리스도의 십자가 사랑을 깨달은 사람에게는 사랑과 감사와 헌신이 있습니다. 그것을 가족과 이웃에게 나눠줄 줄 압니다. 누군가 어렵다면 각자 작은 정성을 모아보십시오. 그 작은 정성이 모일 때 어려운 이웃에게는 재기할 만한 힘이 될 수도 있습니다. 서로 사랑을 나누고 도우십시오. 흐르는 물이 썩지 않듯이 사람들 사이에 사랑을 흘려보내는 이들에게 하나님은 큰 복을 주실 줄로 믿습니다.

예배부흥, 인생부흥

초대교회는 사람의 수만 많아진 것이 아닙니다. 기적만 많이 일어나 나누고 베풀기만 한 곳도 아닙니다.

"날마다 마음을 같이 하여 성전에 모이기를 힘쓰고"(행 2:46).

주일만 성전에 왔습니까? 날마다 왔습니다. 날마다 오라고 하면 속으로 '날마다 교회에 나오면 어떻게 먹고 살아?' 라고 할 테지만 생각을 바꿔야 합니다. 잠 한 시간 덜 자고 날마다 하나님 앞에 나아와 기도하고, 말씀 듣고, 말씀대로 믿고 나아가면 홍해를 갈라주시고, 요단강물이 끊어지게 하시며, 여리고성을 무너뜨리시고, 태양을 멈추게 해주시고, 젖과 꿀이 흐르는 가나안을 차지하게 해주신다는 것을 믿으시기 바랍니다.

"너는 내게 부르짖으라 내가 네게 응답하겠고 네가 알지 못하는 크고 비밀한 일을 네게 보이리라"(렘 33:3).

영혼이 잘되는 은혜를 받기 위해서는 은혜 받는 시간인 예배시간을 놓치지 말아야 합니다. 물론 혼자서 큐티 하고 찬송하다가 은혜 받을 수도 있습니다. 그러나 핍박이 극심했던 초대교회 교인들은 날마다 모여서 예배드렸고 또 각자의 집을 돌아가며 예배드리고 찬송했습니다. 그들이 위험을 무릅쓰고 예배당에서 또 집에서 다함께 모여 예배하고 찬송했을 때 초대교회 교인들은 세상을 변화시키는 사람들이 될 수 있었습니다.

갖은 고난에도 불구하고 찬송하는 모습은 아름답습니다. 예배드리며 찬양할 때 성령의 기름 부으심이 임하며, 상처와 질병이 일곱 길로 도망갑니다. 한 시간 덜 자고 날마다 기도하는 일에 힘을 쓰고 예배하는 일에 힘쓰십시오. 은혜 받으면 가슴이 뜨거워지고 가슴이 뜨거워진 사람은 피곤을 잊어버립니다.

불타는 가슴의 기도

초대교회는 기도에 힘쓰는 교회입니다.

"기도하기를 전혀 힘쓰니라"(행 2:42).

기도에 힘을 쓰자 어떤 역사가 나타났습니까?

"온 백성에게 칭송을 받으니 주께서 구원 받은 사람을 날마다 더하게 하시니라"(행 2:47).

교회는 여기서 머물지 말고 하나님께 더 많은 복과 은혜를 구해야 합니다. 불타는 은혜와 성령을 받아 혼자 쓰지 않고 베풀며 살겠다고 다짐해야 합니다. 불타는 가슴으로 기도하여 한 사람 한 사람이 하나님의 큰 복을 받는 체험을 하면 이를 본 다른 사람도 용기를 얻어 하나님이 주시는 복을 사모하다가 성령의 은혜를 받아 이 사회와 세상을 변화시키는 멋진 성도가 될 것입니다.

가정에 문제가 있습니까? 사업에 문제가 있습니까? 신앙에 회의와 갈등이 있습니까? 부부관계가 어렵습니까?

"아무것도 염려하지 말고 오직 모든 일에 기도와 간구로, 너희 구할 것을 감사함으로 하나님께 아뢰라 그리하면 모든 지각에 뛰어난 하나님의 평강이 그리스도 예수 안에서 너희 마음과 생각을 지키시리라"(빌 4:6,7).

걱정할 시간이 있으면 무릎 꿇고 기도하십시오. 그러면 하나님께서 성령의 기름을 부어주시며 변화시켜주시는 능력을 주실 것입니다. 그리하여 모든 문제와 걱정이 해결되는 기적의 주인공, 낙심하는 이들을 살리는 사람으로, 사랑하고 섬기고 나눔으로써 우리 사회에 점점 더 많은 파급력을 미치는 사람으로 쓰임 받게 될 것입니다. 한 번 사는 인생, 하나님께 쓰임 받는 인생이 되기를 바랍니다.

Never Give Up!

시련은 있으나 좌절은 없다!

- 엘리야의 기적의 하나님은 오늘도 살아 계셔서 우리의 생계를 책임지실 것이다!
- 걱정할 시간이 있으면 무릎 꿇고 기도하라.

"너희는 마음에 근심하지 말라 하나님을 믿으니 또 나(그리스도)를 믿으라" (요 14:1).

05 성령의 능력이 내 인생을 변화시킨다

성령을 받으면 내 인격과 내 가족의 삶에 변화가 일어납니다. 우리의 인격이 변화되면 우리 이웃을 향한 불타는 사랑으로 그들에게 감화력을 끼치게 됩니다. 불신자들을 감화시킬 수 있는 사랑의 능력도 부어주십니다.

누구에게 주시는가?

오늘 이 시대에도 하나님은 사람을 변화시킬 수 있고, 전도할 수 있고, 섬기고 살릴 수 있는 성령의 능력을 주십니다. 그러면 그 능력을 누구에게 주십니까? 수많은 사람 중에 왜, 유독 그 다락방에 모여서 기도하던 120명에게 능력을 주셨습니까?

"제자들이 감람원이라 하는 산으로부터 예루살렘에 돌아오니 이 산은 예루살렘에서 가까워 안식일에 가기 알맞은 길이라 들어가 저희 유하는 다락에 올라가니 베드로, 요한, 야고보, 안드레와 빌립, 도마와 바돌로매, 마태와 및 알패오의 아들 야고보, 셀롯인 시몬, 야고보의 아들 유다가 다 거기 있어"(행 1:12,13).

바로 이런 준비가 있었기 때문에 사도행전 2장 1절부터 4절에 성령의 불타는 능력이 나타날 수 있었습니다. 120명이 다락방에 모여서 기도하다가 성령의 능력을 받았습니다. 그러면 예루살렘에 수많은 다락방이 있고, 지구촌에 수많은 사람들의 모임이 있었을 텐데, 왜 유독 마가의 다락방이라고 알려진 그 다락방에 모인 120명에게 불같은 성령의 능력이 임했는가 하는 것입니다.

사도행전 1장 11절에는 예수님이 승천하시는 장면이 나옵니다. 예수님은 죽으시고 부활하신 뒤 40일 동안 세상에 계셨습니다. 그동안 허물 많은 베드로를 찾아와서 용서해주고 회복시켜주셨습니다. 그런데 승천하시기 직전에 예수님은 제자들에게 이렇게 말씀하셨습니다.

"사도와 같이 모이사 저희에게 분부하여 가라사대 예루살렘을 떠나지 말고 내게 들은바 아버지의 약속하신 것을 기다리라 요한은 물로 세례를 베풀었으나 너희는 몇 날이 못 되어 성령으로 세례를 받으리라 하셨느니라"(행 1:4,5).

예수님은 이미 예루살렘을 떠나지 말고 아버지의 약속하신 것을 기다리라고 말씀하셨습니다. 몇 날이 못 되어 성령으로 세례를 받으리라고 말씀하셨습니다. 그렇다면 성령세례가 무엇입니까?

"오직 성령이 너희에게 임하시면 너희가 권능을 받고"(행 1:8).

성령세례란 성령의 권능임을 믿으시기 바랍니다.

값진 성령세례

성령세례를 받게 될 대상, 성령의 권능을 주실 대상은 사도들이었습니다. 그런데 사도들은 이미 성령을 받았습니다. 마태복음 16장 6절부터 16절을 보십시오. 베드로는 예수님께 다음과 같이 고백하고 있습니다.

"주(主)는 그리스도시요 살아 계신 하나님의 아들이시니이다"(마 16:16).

이 고백을 들은 예수님이 뭐라고 말씀하셨습니까?

"네가 복이 있도다 이를 네게 알게 한 이는 혈육이 아니요 하늘에 계신 내 아버지시니라"(마 16:17).

우리가 예수님이 하나님이요, 구세주요, 메시아인 것을 깨달아 믿게 되는 것은 인간의 힘으로는 도무지 불가능한 일입니다.

"또 성령으로 아니하고는 누구든지 예수를 주(主)시라 할 수 없느니라"(고전 12:3).

성령이 찾아오셔서 우리 영안(靈眼)을 열어주셔야, 깨우치고 믿어지는 것입니다. 믿음은 하나님의 선물입니다.

"너희가 그 은혜를 인하여 믿음으로 말미암아 구원을 얻었나니 이것이 너희에게서 난 것이 아니요 하나님의 선물이라"(엡 2:8)라는 말씀처럼 믿음도 성령이 주시는 선물인 것입니다.

거부할 수 없는 성령의 도래

칼빈은 성령의 불가항력적 은혜에 대해 말했습니다. 그렇습니다. 성령이 찾아오시면 사람은 거부할 수 없습니다. 대표적인 사람이 사울입니다. 스데반 집사를 돌로 쳐서 죽인 악질, 예수 믿고 싶은 마음이 단 1초도 없는 사람, 기독교 최대의 핍박자 사울에게 부활하신 주님이 빛의 성령과 함께 찾아가셨습니다.

"사울아 사울아 네가 어찌하여 나를 핍박하느냐 … 나는 네가 핍박하는 예수라"(행 9:4,5)라고 하시자 사울은 그대로 고꾸라졌습니다. 말 그대로 예수 믿는 스데반 집사를 핍박하고 죽인 것이 곧 예수를 핍박하는 죄가 된다는 것을 깨달은 것입니다. 눈은 떴으나 보지 못하게 되었다가 잃었던 시력을 되찾는 기적을 체험한 사울이 그후 어떻게 변화되었는지 우리는 잘 알고 있습니다.

예수님이 말씀하신 대로 예루살렘을 떠나지 않고 하나님의 약속을 기다리며 다락방에 모여 기도하던 120명에게는 믿음이 있었습니다. 그 제자들의 마음속에 주님의 말씀을 믿는 믿음, 약속하신 성령세례를 주시리라는 믿음이 있었습니다. 그렇습니다. 사모하십시오. 하나님께서는 우리에게도 분명히 불붙는 삶의 능력을 허락해주실 것입니다.

저는 키도 작고 영어도 제대로 못합니다. 하지만 반드시 키가 크고 영어를 잘해야 쓰임 받는 것은 아닙니다. 하나님은 학력이나 외모에 상관없이, 또 영어 실력에 상관없이 성령과 함께하는 사람을 쓰십니다. 우리는 다른 무엇보다도 성령 충만을 사모해야 합니다. 그러면 하나님께서 성령의 능력, 불붙는 능력을 우리에게 주실 것입니다.

우리가 믿어야 할 것

날마다 믿음으로 성령을 사모하는 사람에게 하나님은 약속대로 성령세례를 주십니다. 믿음으로 기다리면 약속대로 성령의 능력을 주십니다. 이런 믿음을 가진 사람들만 다락방에 모였기 때문에 성령이 강림하는 역사가 일어난 것입니다.

믿음은 바라는 것들의 실상이라고 했습니다. 우리가 기대감을 갖고 예배시간마다 모일 때, 홀연히 예측하지 못한 시간에, 불같은 성령이 내려와 우리의 가슴을 뜨겁게, 담대하게 만들어주시리라 믿습니다. 믿음이란 무엇입니까? 믿음으로 사모한다는 말은 무엇입니까? 우리는 두 가지를 믿어야 합니다.

"믿음이 없이는 기쁘시게 못하나니 하나님께 나아가는 자는 반드시 그가 계신 것과 또한 그가 자기를 찾는 자들에게 상 주시는 이심을 믿어야 할지니라"(히 11:6).

첫째, 우리는 살아 계신 하나님을 믿어야 합니다.

하나님이 계신 것과 하나님이 살아 계심을 믿고 사모해야 합니다. 우리는 때를 따라 돕는 은혜를 받기 위하여 하나님께 나아가는 자입니다. 교회에 김 목사나 박 목사를 만나러 나오는 것이 아닙니다. "목사님! 저 왔어요"라며 목사만 만나지 말고 목사를 변화시켜주신 하나님, 불타는 가슴을 주시는 성령을 만나고 돌아가겠다고 결심하십시오. 예배시간마다 불붙는 열정과 능력, 지혜 주시는 성령 만나기를 사모하시기 바랍니다. 성령을 사모하는 자에게 반드시 찾아오시고 찾아오시면 반드시 우리의 마음을 움직여주신다는 것을 믿으시기 바랍니다. 우리는 살아 계신 성령을 체험할 수 있습니다. 뜨거운 체험, 용서받은 체험, 용기 있는 체험 등 다양한 체험을 하게 됩니다. 성령이 찾아오시면 우리의 영혼에 변화가 일어나는 체험을 하게 됩니다. 우리 모두 그런 체험을 하게 되기 바랍니다.

둘째, 우리는 약속대로 이루어주시는 하나님을 믿어야 합니다.

살아 계신 하나님을 믿을 뿐만 아니라 말씀대로 상 주시는 하나님, 응답해주시는 하나님, 성령 주시는 하나님을 믿으시기 바랍니다. 말씀대로 일점일획이라도 거짓 없이 하나님의 약속을 믿고 사모하는 자에게 약속대로 성령을 주시고, 능력을 주시고, 복 주신다는 사실을 믿으시기 바랍니다.

모이기를 힘써야

그럼 어떤 사람에게 불타는 성령의 능력이 임했습니까? 다락방에 모인 사람들은 약속대로, 그들이 믿은 대로 하나님이 성령세례를 주시며 성령의 능력을 주실 것을 믿고 모인 사람들이었습니다. 또 그들은 다 거기 있었다고 했습니다. 베드로, 요한, 야고보, 안드레와 빌립, 도마와 바돌로매, 마태와 및 알패오의 아들 야고보, 셀롯인 시몬, 야고보의 아들 유다가 다 거기 있었다는 말입니다. 이 말인즉, 예수님이 보시기에, 하나님 보시기에 그 다락방에 와야 할 사람, 주님이 기다리고 계셨던 사람은 다 왔다는 뜻입니다. 저는 분명히 믿습니다. 우리 주님 보시기에 꼭 와야 할 사람, 꼭 와야 할 초신자, 우리 교회에 꼭 나와야 할 실족한 사람이 모두 모였을 때, 그때 성령이 찾아와주실 것입니다.

"모이기를 폐하는 어떤 사람들의 습관과 같이 하지 말고 오직 권하여 그날이 가까움을 볼수록 더욱 그리하자"(히 10:25).

말세가 되면 될수록 사람들은 모이기를 싫어합니다. 마귀가 모이지 못하게 합니다. 말세가 가까울수록 모이기에 더욱 힘써야 합니다. 모든 그리스도의 지체들이 믿음으로 모인 자리에 반드시 성령이 역사해주실 것입니다.

마음을 같이 해야

다락방과 사람들에게 성령의 불타는 능력이 임했습니까? 잊지 마십시오. 몸만 모여서는 안 됩니다. 마음을 같이 하여 모이는 교회에 성령의 능력이 임합니다.

'밤 10시야, 빨리 끝내. 집에 가서 TV 봐야 해', '가다가 피자 먹어야 해' 라며 엉뚱한 생각을 한다면 그것은 마귀에게 속는 것입니다. 하나님 앞에 나올 때는 전심으로 온 마음을 모아 나와야 합니다. 하지만 부부지간이라고 해도 마음을 한

데 모으기가 어렵습니다. 그러나 마음을 모으는 비결이 있습니다. 그것은 지는 것입니다. 사랑하면 져줍니다. 지면 이기는 줄로 믿으시기 바랍니다.

애하고 어른하고 싸우면 누가 이깁니까? 언제나 애가 이깁니다. 이만기와 이봉걸이 씨름하는 것을 보고 아이들도 씨름하자고 달려듭니다. 땀을 비오듯이 흘려가며 씨름을 하던 아버지는 아들이 거는 쉬운 기술에 나자빠져버립니다. 그러면 아들이 "내가 이겼다!"라고 소리칩니다. 하지만 그것은 아버지가 져준 겁니다. 이때는 분명히 져준 사람이 어른입니다.

그러면 우리의 삶 가운데 능력을 끌어들이는 비결, 마음을 같이 하는 비결은 무엇입니까? 그것은 단 하나입니다. 잊지 마십시오. 가정에서든, 교회에서든, 어디를 가든지 성령께서 다스려주시기를 구해야 합니다. 내 생각은 타락해서 썩은 것이 자꾸만 나옵니다. 성령께 나를 다스려달라고 구하면 "구하는 자에게 성령을 주시지 않겠느냐"(눅 11:13)라고 하신 말씀처럼 하나님은 우리를 인도해주십니다. 구하는 자마다 그 가정과 교회에 성령을 주시며 성령으로 다스려주시고 성령의 능력이 나타난다는 것을 믿으십시오.

기도하기를 힘써야

몸이 모이고 마음이 모였다면 이제는 어떻게 해야 합니까? "여자들과 예수의 모친 마리아와 예수의 아우들로 더불어 마음을 같이 하여 전혀 기도에 힘쓰니라"(행 1:14).

그렇습니다. 이제는 인격이신 하나님과 대화해야 합니다. "너희는 내게 부르짖으라 내가 네게 응답하겠고 네가 알지 못하는 크고 비밀한 일을 네게 보이리라"(렘 33:3).

제자들이 합심하여 부르짖어 성령을 사모하며 기도했을 때 바로 오순절 성령이 임했습니다. 혼자가 아닙니다. 믿음으로 모였고 마음을 같이 하여 기도에 힘썼을 때 성령이 임했습니다. 그 결과가 바로 사도행전 2장 1절입니다. 그리스도인들이 다 같이 한 곳에 모일 수 있는 가장 좋은 장소는 예배당입니다. 저는 TV 보다가 방언 받았다는 사람을 보지 못했습니다. 연속극 보다가 회개했다는 사람도 보지 못했습니다. 다 같이 모여서 오직 말씀을 붙잡고 들은 말씀을 믿으며 마음을 모으고 성령을 사모하며 부르짖는 교회에 성령이 불같이 바람같이 임할 것을 믿습니다.

하나님, 누구입니까?

1979년 교회를 개척할 당시 저는 간신히 28평짜리 지하실을 3백50만 원에 얻어 그곳에 짐을 풀었습니다. 돈이 없어서 방도 얻지 못하고 달랑 지하실 창고 하나만 얻게 된 것입니다. 그때 저는 간절히 기도했습니다.

"하나님! 허락해주십시오. 저희 세 식구 외에는 아무도 없습니다. 누구를 전도해야 되겠습니까? 저를 이곳으로 부르신 하나님, '이 성중에 내 백성이 많음이라'(행 18:10)라고 말씀하지 않으셨습니까? 하나님, 누구입니까?"

저는 당장 습기라도 면해야겠다는 마음으로 스티로폼을 사러 동네 철물점을 찾았습니다.

"사장님, 스티로폼 있으면 30장만 주십시오"라고 하자 주인은 "있기는 있는데 뭐에 쓰시려고 그러세요?"라고 물었습니다. 제가 "옆 건물 지하에 동산교회를 개척한 김인중 전도사라고 합니다"라고 했더니 급하게 물고 있던 담배를 비벼 끄는 게 아닙니까? 혹시나 하는 마음에 이렇게 물었습니다.

"사장님, 혹시 교회 다니세요?"

"사실은 제가 고등학교 3학년 때까지 서울 망원동에 있는 교회에 다녔습니다. 그런데 불교 계통의 대학에 들어가서 4년 동안 나무관세음보살 하다가 불자가 되고 말았습니다."

그러시냐고 하면서 스티로폼 값을 치르려고 돈을 꺼냈습니다. 그랬더니 철물점 주인은 "2만5천 원만 주세요"라고 하더니만 제가 꺼낸 돈 3만 원을 덥석 잡고 입이 찢어지게 "고맙습니다"라고 인사를 하는 것이었어요. 하지만 제가 누굽니까? 돈을 딱 잡고 "잠깐만요!"라고 외쳤습니다. 제가 막 전도하려 하자 철물점 주인은 금세 안색을 바꾸면서 "골치 아픈데 그만 둡시다!"라고 했습니다. 이럴 때 돈이 중요한 역할을 합니다. 금세 돈을 줘버리면 안 됩니다. 그 돈이 제 손을 떠나면 전도가 안 되지요. 먼저 저는 사영리에 대해 설명했습니다.

"하나님과 사람 사이에는 네 가지 법칙이 있습니다. 그 첫째 법칙은 하나님은 당신을 사랑하시며 당신을 향한 놀라운 계획이 있다는 것입니다. 하나님이 당신을 얼마나 사랑하는지 아세요? 요한복음 3장 16절에 보면 '하나님이 세상을 이처럼 사랑하사 독생자를 주셨으니 이는 저를 믿는 자마다 멸망치 않고 영생을 얻게 하려 하심이라'라고 말씀했습니다. 예수님을 믿으면 영생 얻습니다. 그러나 믿지 않으면 지옥 갑니다. 사장님, 이렇게 살다가 죽으면 어디로 갑니까? 사장님, 앞으로 50년쯤 사시겠습니까? 20년 사시겠습니까? 한 5년쯤 살다가 죽는다면 그 밤에 어디로 갈까요? 천국과 지옥은 분명히 있습니다. 예수 믿으면 천국, 안 믿으면 지옥입니다!"

철물점 주인은 차츰 심각해지더니 10여 분 동안 잠자코 서서 저의 말을 들었습니다. 전도를 마친 뒤 거스름돈을 받아 나오려고 하자 그는 덜덜 떨면서 "부처님한테 벌 받으면 어떻게 하지요?"라고 물었습니다. 저는 이렇게 장담했습니다.

"그건 다 거짓말입니다. 걱정하지 마십시오. 만일 예수 믿어서 벌 받았으면 교회는 전부 문 닫았지요."

"아휴! 어떻게 하죠? 아버지가 비싼 부적을 써줬는데…."

당시 시세로 그 동네 전세방 하나에 60만 원 하던 시절이니 전세방 하나 값과 맞먹는 부적이라면 상당히 비싼 부적입니다만 저는 부적이 어디 있는지 묻고 당장에 그 부적을 떼라고 했습니다. 만일 벌을 받게 된다 해도 내가 받을 테니 걱정하지 말라고 이른 뒤 저는 그 부적에 불을 붙였습니다. 그런 다음 열흘 후에 교회 창립예배가 있으니 꼭 나오시라는 당부를 하고 철물점을 나왔습니다. 창립예배를 드리는 날, 철물점 사장님은 약속대로 교회에 나와 신앙생활을 하기 시작했습니다.

사람을 변화시키는 능력

성령은 사람을 변화시키는 능력을 주십니다. 성령은 가난을 이기는 능력도 주시며 복도 주십니다. 저는 방도 화장실도 없는, 28평 지하실에서 전기장판 하나 깔고 개척교회를 시작했습니다. 그런데 성령의 능력을 사모하는 저를 그 자리에 오게 하신 하나님, 말씀대로 이 성 중에 내 백성이 많다고 하신 하나님은 또 한 명의 하나님의 백성을 만나게 해주셨습니다. 그는 교회 간판을 쓴 사람이었습니다. 창립예배를 드리기 전날, 돈을 받으러 온 그 분을 제가 붙들고 열심히 전도해서 함께 예배를 드리게 된 것입니다. 이렇게 모인 네 명의 성인과 어린아이 한 사람이 하나님께 첫 창립예배를 드리게 되었습니다.

저희는 아무리 악한 죄인이라도 성령이 도우시면 사울이 변화되어 바울이 된 것처럼 변화하는 삶의 능력을 주실 것으로 믿고 축호전도를 하러 다녔습니다. 70년이 다 된 감리교회에 80명 정도만 출석한다는 이 마을 250세대를 샅샅이 찾아다니면서 전도했습니다. 6개월 후 처음 맞은 성탄절에는 지하실 예배당이 꽉 찰 정도로 많은 사람이 모였습니다. 어른만 97명이 출석했고, 만 1년이 되자 131명이 출석하는 교회로 성장했습니다. 또 개척한 지 1년 3개월 만에 땅을 사서 처음으로 교회를 건축하게 되었습니다. 현재 저희 동산교회에는 다락방 순장만 875명입니다. 이들은 불타는 가슴을 안고 안산 시민의 십의 일조를 출석시키기 위해 애쓰고 있습니다. 계속해서 장애우를 위한 특수학교와 양로원 등 각종 사회복

지시설을 갖추고 지역 사회에 이바지하려고 합니다.

눈물겨운 세상살이 속에서도 기적 같은 부흥과 복을 내려주신 하나님께서는 우리가 예배당에 모일 때마다 하나님은 살아 계시며, 믿고 기도하면 성령의 능력을 주시리라 말씀하십니다. 성령을 받으면 내 인격과 내 가족의 삶에 변화가 일어납니다. 우리의 인격이 변화되면 우리의 이웃을 향한 불타는 사랑으로 그들에게 감화력을 끼치게 됩니다. 성령을 사모하여 성령의 불이 임하면 우리의 죄를 회개하게 되고 또 용서받으며 우리의 양심에 자유와 평안이 찾아와 불신자들을 감화시킬 수 있는 사랑의 능력도 부어주시리라 믿습니다.

Never Give Up!

■ 시련은 있으나 **좌절**은 없다!

- 하나님은 재산이나 학력이나 외모와 상관없이 성령과 함께하는 사람을 쓰신다.
- 진리로 인해 고독해지더라도 상 주시는 하나님을 바라보라.

"믿음이 없이는 기쁘시게 못하나니 하나님께 나아가는 자는 반드시 그가 계신 것과 또한 그가 자기를 찾는 자들에게 상 주시는 이심을 믿어야 할지니라"(히 11:6).

3부
홍해는 지금도 갈라진다

****

어디에서도 도움의 손길이 뻗어오지 않는 것 같아 낙심하고 계십니까? 홍해 앞에 서서 하나님께 기도하는 모세를 떠올려보십시오. 한밤중에 동풍으로 홍해의 바닷물을 물러가게 하시고 길을 내신 하나님께서 우리가 모세처럼 기도할 때 우리의 갈 길 또한 열어주실 것입니다.

****

06 믿음으로 홍해를 건너보라

큰 동풍으로 홍해를 갈라주신 하나님, 그 하나님께서 나와 함께 계시면 어떤 문제든지 해결해주시며 큰일도 이룰 수 있다는 것을 믿으시기 바랍니다. 크게 믿으면서 동시에 단순하게 믿으시기 바랍니다.

하나님의 백성도 장애물을 만날 수 있다

우리가 잘 아는 대로 이스라엘 백성은 애굽에서 오랜 세월 동안 종살이하다가 하나님의 사람 모세의 인도로 애굽을 떠나오게 되었습니다.

하나님의 열 가지 재앙 중에서도 마지막 열 번째 재앙을 기억하실 것입니다. 유월절 어린양의 피를 문설주 좌우에 바르지 않은 집은 바로의 장자로부터 짐승의 첫 새끼까지 모조리 죽임을 당하는 사건이었습니다. 죽음의 심판 앞에서는 바로도 항복하고 말았습니다. 열 가지 기적과 재앙, 바로를 굴복시킨 하나님의 역사하심을 목격한 이스라엘 백성들은 모세를 따라 애굽을 떠났습니다. 마침내 죄의 나라, 우상숭배의 나라, 비참과 눈물과 한숨으로 얼룩진 부자유의 나라, 노예로 살던 애굽에서 나와 자유를 얻게 된 것입니다. 그들은 신바람이 나서 보따리를 싸들고 애굽을 나섰습니다.

그런데 모세를 따라 애굽을 나온 지 얼마 되지 않아 그들 앞에 홍해라는 거대한 장애물이 가로놓였습니다. 그렇습니다. 하나님을 믿는 사람도, 이제 막 예수를 믿기 시작한 사람도 신앙생활을 하다보면 장애물을 만날 수 있습니다.

그런데 하나님의 역사하심으로 애굽에서 구출된 이스라엘 백성들 앞에 펼쳐진 끝이 보이지 않는 홍해는 어떤 의미입니까? 조상 대대로 하나님이 아브라함을 통해서 약속해주신 땅, 젖과 꿀이 흐르는 가나안, 꿈에도 그리던 약속의 땅으로 가는 길목에 버티고 선 건널 수 없는 커다란 장애물이었습니다. 엎친 데 덮친다고 애굽의 바로 역시 오랜 세월 동안 종으로 부리던 수많은 이스라엘 사람들이 전부 다 빠져나간 것을 보자 마음이 바뀌었습니다. 부랴부랴 전차병들을 모아 이스라엘 백성들을 추격하기 시작했습니다.

결국 극적으로 자유를 얻은 이스라엘 백성들은 기쁨과 기대감에 차서 가나안 땅을 향해 출발했습니다만 금세 장애물로 가로막히는 지경에 처한 것입니다. 앞은 홍해가 가로막았고 뒤로는 바로의 전차병들이 쫓아오고 있습니다.

원망과 불평을 쏟아놓기 전에

우리가 이런 입장이라면 어땠을지 생각해보십시오. 예수를 10년, 20년 믿었다고 해도 사업에 실패하고, 사기를 당하고, 아이는 학교에도 안 가, 마약 먹고 본드 먹고, 밤마다 허깨비 짓이나 하고 돌아다니고, 밤새 PC방에서 눈이 벌겋게 되어서 정신 못 차리고 있다면 서로 원망하지 않겠습니까?

세상 누구에게나 어려움이 없는 사람은 없습니다. 사람들이 그 어려움에 대처하는 방법은 딱 두 가지입니다.

첫째, 하나님의 도우심으로 어려움을 넘기는 사람입니다.

둘째, 자기 힘, 자기 지식, 자기 노력으로 도전하다가 여지없이 티케이오(TKO) 당해 쓰러져서 비관하고 좌절하는 사람입니다.

미련한 이스라엘 백성들은 모세와 하나님을 향해 원망과 불평을 쏟아놓았습니다. 이때 하나님의 사람 모세가 하나님 앞에 나아가서 기도하자 하나님은 모세에게 가지고 있던 지팡이로 홍해를 가리키라고 명령하십니다. 모세는 조금도 의심하지 않고 지팡이로 홍해바다를 가리켰습니다.

밤새도록 동풍이 불고 캄캄한 밤중에, 이스라엘 백성들은 모두 겁에 질려 있었습니다. 그들 뒤로 애굽의 군대까지 쫓아오고 있었습니다. 건널 수 없는 바다, 이미 어두워진 날씨,

공포심을 유발하는 말발굽 소리는 점점 더 가까워졌습니다. 그 순간 모세가 지팡이로 홍해를 가리켰습니다. 그러자 바다가 좍 갈라졌습니다.

이스라엘 백성들은 환호하며 고속도로와 같이 열린 바닷길을 마치 육지를 걷듯 신나게 건넜습니다. 노약자들까지 모두 바다를 건널 무렵 드디어 애굽의 군대도 홍해에 다다랐고 그들이 열린 바닷길로 전부 들어서는 순간 고속도로처럼 열렸던 길도, 양옆을 벽처럼 막아섰던 물벽도 모두 무너져내렸습니다. 바로의 군대는 모두 물 속에 장사되었습니다.

기적입니다. 똑같은 바다, 똑같은 물벽, 똑같은 길이었습니다. 그러나 하나님을 믿고, 하나님의 약속대로 바다를 건넌 사람들은 살았고 하나님을 믿지 않고 하나님을 대적하는 무리들은 모두 죽음의 심판을 면치 못했습니다.

우연이 없는 하나님의 역사하심

비슷한 환경과 처지에서 비슷하게 시작했다고 해도 어떤 사람은 5년, 10년 후에 더욱 행복한 가정, 자녀들도 교회봉사 잘하고 기쁘게 생활하는 가정을 이루는가 하면 어떤 사람은 살아갈수록 죽음의 길로 빠지는 절망적인 가정이 되기도 합니다. 그러면 그 차이가 무엇입니까?

"믿음이 없이는 기쁘시게 못하나니 하나님께 나아가는 자는 반드시 그가 계신 것과 또한 그가 자기를 찾는 자들에게 상 주시는 이심을 믿어야 할지니라"(히 11:6).

하나님 앞에 나오더라도 그냥 나와서는 안 됩니다. 살아 계신 하나님께서 오늘도 말씀하시며 그 말씀에 순종하는 나에게 상 주실 것을 믿어야 합니다. 말씀대로 나에게 약속을 이루어주실 것을 믿어야 합니다. 말씀대로 기적도 주실 것을 믿어야 합니다. 단 주시는 그것이 하나님의 것임을 알고 하나님을 기쁘시게 하는 우선순위에 합당하도록 써야 합니다. 이런 믿음을 가지고 나아오는 사람과 그냥 나와 앉았다가 딴 생각이나 하는 사람은 천양지차입니다.

오늘도 내가 믿는 하나님이 내 인생의 홍해를 열어주실 것을 믿는 자들에게 하나님은 기적을 일으켜주십니다. 절체절명의 순간에도 이스라엘을 구원하시는 역사를 멈추지 않으셨던 것처럼, 어둠 가운데 보이지 않는 바람처럼, 또한 결코 졸지도 아니하고 주무시지도 아니하시며 모세의 기도와 부르짖는 이스라엘 백성들의 기도를 들으신 것처럼, 한밤중에 큰 동풍을 보내어 홍해의 바닷물이 물러가도록 길을 내는 작업을 하신 것처럼 하나님은 우리의 갈 길을 준비해놓고 계신다는 사실을 믿으시기 바랍니다.

어디에서도 도움의 손길이 뻗어오지 않는 것 같아 낙심하고 계십니까? 홍해 앞에 서서 하나님께 기도하는 모세를 떠올려보십시오. 이때 하나님은 그의 기도를 들으셨고, 사람의 눈에는 보이지 않는 바람을 보내어 역사하셨습니다. 한밤중에 동풍으로 홍해의 바닷물을 물러가게 하시고 길을 내신 하나님께서 우리가 모세처럼 기도할 때 우리의 갈 길 또한 열어주실 것입니다. 장애물을 만났을 때 원망하고 불평하는 사람이 있는가 하면, 우연은 없으며 거기에는 하나님께서 나를 훈련시키려는 특별한 뜻이 담겨 있다고 믿는 사람들이 있습니다. 상대방의 실수를 밑거름 삼아서 보고 배우면 됩니다. 나는 저러지 말아야겠다고 다짐하십시오. 그리고 상대방을 도와주십시오. 그러면 비록 나중 된 자라 하여도 그는 분명 진정한 주님의 제자가 될 것입니다.

두려워 말고 가만히 서서

출애굽한 이스라엘 백성들이 하는 말을 들어보십시오.

"우리가 애굽에서 당신에게 고한 말이 이것이 아니뇨 이르기를 우리를 버려두라 우리가 애굽 사람을 섬길 것이라 하지 아니 하더뇨 애굽 사람을 섬기는 것이 광야에서 죽는 것보다 낫겠노라"(출 14:12).

"이봐! 모세, 우리를 내버려두라고 그랬잖아. 왜 나가자고 해서 여기서 죽이려고 해? 왜 이 고생을 시키는 거야?"

이스라엘 백성들은 모세를 원망했습니다. 하지만 모세는 그런 백성들을 향해 핏대 올리며 싸우지 않았습니다.

"모세가 백성에게 이르되 너희는 두려워 말고 가만히 서서 여호와께서 오늘날 너희를 위하여 행하시는 구원을 보라 너희가 오늘 본 애굽 사람을 또 다시는 영원히 보지 못하리라 여호와께서 너희를 위하여 싸우시리니 너희는 가만히 있을지니라"(출 14:13,14).

이 말씀으로 과연 어떤 사람을 통해서 기적이 일어나는지, 하나님은 과연 어떤 사람을 통해서 홍해와 광야를 건널 수 있게 하시는지 살펴보려고 합니다. 모세는 원망하는 백성들을 향해 두려워 말고 가만히 서라고 말합니다. 분명히 모세는 다음과 같이 말했습니다.

"여호와께서 오늘날 너희를 위하여 행하시는 구원을 보라 … 여호와께서 너희를 위하여 싸우시리니 너희는 가만히 있을지니라."

모세는 원망하고 불평하는 백성들을 보고 흥분하여 싸우지 않았습니다. 불평과 원망을 보고도 못 들은 척하며 그들을 안심시켰습니다. 두려워하지 말고 원망도 하지 말고 지금 너회를 위하여 행하시는 구원을 보라고 담대히 말할 수 있는 믿음이 있었습니다. 일흔 번씩 일곱 번이라도 용서해주시는 하나님, 백성들이 아무리 불평하고 원망해도, 믿음이 약해서 믿음이 어려서, 무서워서 원망한다는 것을 하나님은 아셨습니다. 그들이 원망한다고 죽이시려 한 것이 아닙니다. 용서와 사랑이 무한하신 살아 계신 하나님께서 구원의 길, 헤쳐 나갈 길을 열어주실 줄로 믿었습니다.

시험 앞에서 담대할 수 있는 이유

사도 바울도 고린도 교인들에게 이렇게 말씀합니다.

"사람이 감당할 시험밖에는 너희에게 당한 것이 없나니 오직 하나님은 미쁘사 너희가 감당치 못할 시험 당함을 허락지 아니하시고 시험 당할 즈음에 또한 피할 길을 내사 너희로 능히 감당하게 하시느니라"(고전 10:13).

우상숭배와 음란한 풍조가 만연한 고린도 지역에는 시험거리가 많았습니다. 세상의 도전도 많았습니다. 그러나 바울은 그들에게 "이 더럽고 추악한 인생들아"라고 말하지 않았습니다. "우리와 함께 계시는 살아 계신 하나님께서는 우리가 감당치 못할 시험은 주지 않으십니다. 시험이 와도 피할 길을 주시며 오늘도 넉넉히 이길 힘을 주실 것입니다"라고 응원하고 있습니다.

시험은 있습니다. 이스라엘 백성에게는 목전의 홍해가 시험이며, 바로의 군대가 시험이었습니다. 이스라엘 백성이 가는 곳에는 광야의 시험도 있었습니다. 물 없는 시험, 땡볕의 시험이 있었습니다. 그런데 희한하게 물이 없는데도 반석을 치면 생수가 쏟아져 나왔습니다. 한낮의 태양을 피할 수 있는 구름기둥이 등장하는가 하면 한밤의 추위를 막아줄 불기둥도 나왔습니다. 우리가 우리와 함께하시는 하나님을 믿고 기도할 때 하나님은 그 기도를 들으시고 역사하신다는 것을 믿으시기 바랍니다.

큰 믿음의 역사

출애굽기 14장 21절을 읽어보십시오.

"모세가 바다 위로 손을 내어민대 여호와께서 큰 동풍으로 밤새도록 바닷물을 물러가게 하시니 물이 갈라져 바다가 마른 땅이 된지라."

여기서 주목할 것은 '큰 동풍'이라는 말입니다. 크게 믿을 때에 큰 동풍이 왔습니다. 믿는 대로 될지어다! 크게 믿으면 크게 이루어주시고 적게 믿으면 적게 이루어주시고 안 믿으면 국물도 없습니다. 혹 성경을 보다가 믿음이 크다고 야단

맞는 사람을 보았습니까?

"성도님, 당신은 왜 그렇게 믿음이 큽니까? 주책없이, 줄여요 줄여!"

그러는 사람을 보았습니까? 의심하지 마십시오. 의심하는 믿음은 적은 믿음입니다.

믿음에는 또 다른 하나가 있습니다. 방법입니다. 믿음의 내용이 커야 한다는 말입니다.

"네 입을 넓게 열라 내가 채우리라"(시 81:10).

입을 넓게 열고 큰 믿음을 가지십시오. 이왕이면 성경말씀대로 '사람으로는 할 수 없으되 하나님으로서는 다 할 수 있다'는 믿음을 가지시기 바랍니다. 큰 동풍으로 홍해를 갈라주신 하나님, 그 하나님께서 나와 함께 계시면 어떤 문제든지 해결해주시며 큰일도 이룰 수 있다는 것을 믿으시기 바랍니다. 여기에서는 믿는 방법도 중요합니다. 크게 믿으면서 동시에 단순하게 믿으시기 바랍니다. 단순하게 믿으면 단순하게 응답해주시고 복잡하게 믿으면 복잡하게 응답해주십니다. 믿지 않으면 쥐뿔도 없습니다. 성경은 믿은 대로 된다고 말씀했습니다. 믿은 대로 된다고 믿으면, 믿은 대로 되는 기적을 목격하게 될 것입니다.

모세는 앞으로 홍해가 가로막았고 뒤로 애굽 군대가 쫓아오는 상황에서도 복잡하게 생각하지 않았습니다. 단순히 하나님께 부르짖었습니다. "하나님, 살려주세요"라고 부르짖자 응답을 받았습니다. 오늘 나와 함께하시는 하나님, 감당치 못할 시험을 주지 않으시며, 시험이 와도 피할 길을 주시며, 넉넉히 이길 힘을 주시는 하나님, 전능하신 나의 하나님 여호와께 불가능이란 없습니다. 하나님의 능력을 제한하지 마십시오. 오늘 나와 함께하신 하나님을 믿고 의지하는 사람은 그가 믿은 대로 하나님께서 우리 앞의 장애물을 갈라주신다는 것을 믿으시기 바랍니다.

Never Give Up!

시련은 있으나 좌절은 없다!

- 인생의 장애물 앞에 불평하지 말고 기도하라.
- 하나님을 크고 단순하게 믿을 때에 홍해가 열린다.

"오직 믿음으로 구하고 조금도 의심하지 말라 의심하는 자는 마치 바람에 밀려 요동하는 바다 물결 같으니"(약 1:6).

07 홍해를 지나는 개척인생이 되라

구하는 자에게 홍해와 같은 장애물, 요단강 같은 장애물, 여리고 같은 장애물, 물질이나 건강, 인간관계를 가로막는 어떠한 장애물도 없애주시며 가나안의 복을 채워주신다는 사실을 믿고 체험하게 되기를 바랍니다.

감당치 못할 시험은 없다

제 인생의 큰 홍해는 가난이었습니다. 저는 제가 초등학교 때 만난 김 선생님이라는 분을 잊을 수가 없습니다. 그 분은 5학년 때 제 담임선생님이셨습니다. 하루는 이 선생님이 아이들을 모아놓고 이렇게 말씀하셨습니다.

"이놈들아, 너희들 내 말 잘 들어라. 내가 공부하라는 대로만 하면 너희들은 어느 학교든지 다 갈 수 있어. 그러니까 내가 시키는 대로 공부해!"

김 선생님은 예수도 믿지 않는 분입니다. 그 분은 술을 좋아했습니다. 그런데도 아이들을 사랑하는 마음이 얼마나 지극한지 모릅니다. 밤 7시, 8시가 되도록 학교에서 아이들을 가르치는가 하면 몇 명의 아이들을 모아 과외공부방을 개설할 정도로 열정이 있었습니다. 저야 학교 다니기에도 빠듯했으니 과외공부는 꿈도 꿔보지 못하고 있었지요.

토요일이면 방과 후에도 집에 들어가기가 싫었습니다. 집에 들어가봐야 끼니도 잇기 어려웠으니까요. 철없는 아이들이 모여서 하는 일들이라곤 만화 보는 일이 고작이었습니다. 더욱이 저는 공짜 만화 보는 법까지 터득해두었거든요. 방과 후 만화방 앞에 가서 어슬렁거리고 있으면 돈 있는 친구 한두 애쯤 만화가게로 들어갑니다. 그러면 그 아이를 따라 얼른 만화가게로 들어가는 겁니다. 그런 다음 그 얘가 집어든 만화책을 등 뒤에서 넘겨다보는 거예요. 그러던 어느 날 저는 만화가게에서 담임선생님과 맞닥뜨렸습니다. 담임선생님은 저를 보고 "인중이 나와!"라고 소리쳤습니다. 그러다니 제 뺨을 올려붙이고 큰소리로 야단을 쳤습니다.

"야, 이 녀석아! 공부하면 잘할 녀석이 왜 하라는 공부는 안하고 만화방에 앉아 있냐?"

하지만 선생님이 때리기만 했던 것은 아닙니다.

"너 오늘부터 밤에 선생님 집으로 와! 내가 너희 집 형편을 아니까 과외비는 필요없다. 밤에 과외공부 하러 와."

저는 졸지에 부잣집 애들 8명 틈에 끼여 과외공부를 하게 되었고, 2년 동안 공짜로 과외공부를 했습니다. 그래서 결국 저 같은 촌놈이 서울사대부속중학교에 2천6백 여 명을 제치고(14:1의 경쟁률) 들어가게 되었습니다.

인생 홍해의 연속

중학교를 졸업한 뒤 고등학교에 진학하지 못한 채 막일도 하고, 복숭아 장사도 하면서 저는 약간의 돈을 모았습니다. 그런데 그렇게 소원하던 고등학교에 붙고 난 뒤 저에게는 또 다른 홍해가 펼쳐졌습니다. 그간 모아두었던 돈을 아버지가 가을겨울 양식을 사는 데 다 써버린 것입니다. 남들 가기 어렵다는 좋은 고등학교에 붙으면 무엇합니까? 입학금 8천5백 원이 없어서 다시 학교에 못 갈 형편이 되고 말았는데요.

새어머니가 백방으로 수소문하여 입학금을 구해보려 했지만 입학금은 구할 수 없었습니다. 갖은 고생 끝에 겨우 학교에 가게 되었다고 생각했는데 또다시 돈이 없어서 학교에 갈 수 없다니 저는 망연자실했습니다. 드디어 등록 마감일이 되었습니다. 그날 오후 4시까지 광화문 상업은행 지점에 8천5백 원을 내야 학교에 입학할 수 있었습니다. 그때까지 아버지는 아무 소식도 없었습니다. 하지만 새어머니는 저를 안심시키며 이렇게 말했습니다.

"너무 걱정하지 말거라. 내가 서울 만리동 이모에게 가서 돈을 한번 꿔보마. 걱정하지 말고 기다려봐라."

그렇게 새어머니는 돈을 꾸러 서울로 가셨습니다. 그런데 서울로 간 새어머니에게서는 12시가 되어도 아무런 소식이 없었습니다. 저는 저희 세 식구가 사는 주인집 할머니의 까만 전화기만 바라보고 있었습니다. 하지만 아무런 소식이 없자 너무 기가 막혀서 눈물만 흘렸습니다. 그때처럼 하나님이 원망스러웠던 적이 없었습니다.

"하나님, 당신은 정말 계신 겁니까? 예배당에만 가면 있다고들 하는데, 제게 하나님이 계시다는 증거를 보여주십시오. 하나님이 계시다면 나 이렇게 고생하고 학교 붙었는데, 새엄마가 돈 꾸러 갔는데, 공짜로 입학금은 못 줘도 돈을 꿔주기라도 해야 하는 것 아닌가요? 그래야 학교에 가지요?"

저는 이불을 뒤집어쓰고 엉엉 울었습니다. 그것은 기도가 아니었습니다. 하지만 저는 '하나님, 정말 계십니까? 어떻게 보면 계신 것 같기도 하고 어떻게 보면 안 계신 것 같기도 하고 저는 정말 모르겠습니다. 구하는 자에게 좋은 것을 준다고 말씀만 하지 마시고, 저 돈 좀 꿔주세요. 저 정말 좋은 학교에 붙었으니 학교 갈 수 있게 돈 좀 꿔주세요. 꿔주세요' 라며 울다 지쳐서 잠이 들었습니다.

그러다가 저는 안방에서 할머니가 부르는 소리에 잠이 깼습니다. 저는 냉큼 달려가서 수화기를 받아들었습니다.

"인중아, 돈 꿨다!"

그때 저는 돈을 꿔주신 하나님께 감사했습니다. 기도도 무엇도 아닌 말을 눈물 흘리다가 중얼거리며 잠들었는데 그 사이에 돈을 꾸게 해주신 하나님, 저는 제 앞에 펼쳐진 홍해를 갈라주신 하나님께 감사드렸습니다. 그때 그 기쁨은 이루 말할 수 없었습니다. 저는 단숨에 기차를 타고 서울역으로 갔습니다. 그리고 마감 직전에 광화문 상업은행 지점에서 새어머니를 만났습니다. 돈 9천 원을 냈더니 도장을 꽝꽝 찍어주었습니다. 누가 뭐래도 저는 이제 경복고등학교 학생이 된 것입니다. 그렇게 입학금을 치르고 나자 돈 5백 원이 남았습니다. 한 정거장이나 걸어서 경복고등학교 교복을 살 수 있다는 지정 백화점으로 갔습니다. 한참 동안 교복을 입었다 벗었다, 모자를 썼다 벗었다 해보았지만 그 돈으로는 도저히 교복을 살 수가 없었습니다. 겨우 모자만 샀습니다. 국방색 작업복을 까맣게 물들인 옷에 모자만 썼는데도 날아갈 것 같은 기분이 들었습니다.

저는 그렇게 또 한 차례 입학금의 홍해를 건넜습니다. 별다르게 믿음이 좋아서가 아닙니다. 들은풍월로 기도하는 흉내만 냈을 뿐인데도 하나님은 제 기도를 들으시고 홍해를 건너게 해주신 것입니다.

The best way

간신히 입학은 했지만 학교를 다니는 데도 돈이 여간 많이 드는 것이 아니었습니다. 하지만 교통비조차 없던 저로서는 뛰어다니는 것이 일이었습니다. 그런데 그때 소사에 EMS라는 학원이 생겼습니다. 더욱이 그 학원 원장이 같은 교회 선배, 동국대학교 수학과 4학년 권태성 형이었습니다. 선배는 제게 뜻밖의 제안을 했습니다.

"인중아, 너는 재수하고 고등학교에 들어갔으니까 중3을 가르칠 수 있다. 내가 학원에 중3 아이들 25명을 모아두었다. 나는 수학을 가르칠 테니 네가 영어를 가르쳐보아라."

그렇습니다. 이래뵈도 저는 고1 때 고입 입시학원에서 영어를 가르쳤습니다. 하루 한 시간씩 강의하고 한 달에 3천 원을 받았습니다. 그러면서 학교를 다니다가 고3이 되자 저는 다시 하나님께 기도했습니다.

"하나님, 저 이제 대학에 가야 되는데 아르바이트하고 기차 통학하기가 너무 고달픕니다. 아르바이트 자리를 옮겨주세요."

저는 그 당시 모 건설회사 회장의 운전기사 아들의 공부를 가르치는 아르바이트를 할 기회가 되어 아침마다 건설회사 회장이 타는 승용차를 타고 등교하는 복도 누리게 되었습니다. 하지만 중3 가르치는 아르바이트를 계속하다가 정작 제가 대학을 떨어지고 말았습니다. 그러나 떨어진다고 걱정하지 마십시오. 하나님께서는 떨어질 때마다 더 좋은 길로 인도해주십니다. 하나님만 사랑하면, 하나님만 따라다니고, 기도하는 흉내만 내도 우리의 약한 믿음을 아시는 하나님께서 더 좋은 길을 열어주십니다.

여호와 이레

저는 다시 재수하게 되었습니다. 목표는 가장 적은 돈으로 공부할 수 있는 대학이었습니다. 결국 원하는 대학에 입학하고 나서 바로 군에 입대하게 된 뒤에도 하나님은 믿음이 적었던 저를 끝까지 지켜주셨습니다.

화투 잘 치고 술 좋아하던 제가 하나님의 은혜로 예수 믿은 지 3년 만에 CCC 총순장으로 쓰임 받게 되었습니다. 또 성경을 읽다보니 하나님이 저에게 예비하신 계획이 있다는 것도 알게 되었습니다. 저는 한얼산기도원에 가서 일주일간 금식하며 기도했습니다. 그때 하나님은 저에게 돈을 원치 않으시며 권력을 원치 않으신다고 말씀하셨습니다. 다만 복음을 전하는 사람, 사람을 변화시켜 영혼을 살리는 전도자가 되라고 부르셨습니다. 저는 순종하는 마음으로 기도원을 내려왔습니다. 그리고 신학교에 가겠다고 결심했습니다.

하루는 큰형님이 졸업한 다음 무엇을 할 계획이냐고 묻길래 저는 신학교에 가겠다고 대답했습니다.

"이놈이 미쳐도 보통 미친 게 아니구나. 형제들 신세를 졌으면 갚아야지 무슨 놈의 신학교냐? 이 녀석, 내 집에서 당장 나가라."

형님으로 말하자면 경찰서장이나 검사도 눈에 보이지 않을 만큼 담력이 세고 머리 또한 비상했습니다. 그런 형님이 장작개비 패듯이 때리는데 쫓겨나지 않을 수 없었습니다. 간신히 책 보따리와 옷 몇 가지를 싸들고 집을 나서자 저는 다시 갈 곳 없는 신세가 되었습니다. 그러나 그 당시 CCC 총순장을 하고 있던 저는 곧바로 광화문에 있는 CCC 회관으로 갔습니다. 늦은 시간인지라 사무실에는 아무도 없었습니다. 그런데 제가 사무실에 들어서자마자 전화벨이 요란하게 울리기 시작했습니다. 저는 수화기를 들었습니다.

"여보세요?"

"나는 천안 CCC의 조 간사입니다. 혹시 거기 이달 씨 있습니까?"

그 간사가 찾는 사람은 성이 이 씨에, 이름은 외자인 서울 문리대 국어국문학과에 다니는 4학년생으로 미처 군대를 갔다 오지 않아서 저에게 형이라고 부르는 학생이었습니다. 저는 사무실에 아무도 없다고 대답했습니다. 그러자 이번에는 조 간사님이 저에게 이렇게 물었습니다.

"김인중 씨는 졸업반인데 졸업한 뒤 뭘 할 겁니까?"

"네. 저는 신학교에 갈 예정입니다."

"아! 그래요? 마침 잘됐군요. 천안에 제과점을 하시는 권 사님이 계신데 홀로 아이들을 넷이나 키우고 계십니다. 그중 영희(가명)와 명성(가명)이라는 두 아이를 서울 비원 앞에 집을 얻어 공부시키고 있는데 딸은 가정교사가 있지만 아들은 아직까지 가정교사를 구하지 못했어요. 이 아이가 중학교에 다니는데 공부가 좀 쳐집니다. 그래서 나에게 가정교사를 하나 구해달라고 부탁하셨습니다. 조건은 단 두 가지입니다. 첫째, 믿음 좋은 대학생, 둘째, 실력 좋은 대학생. 그 집에서 입주 가정교사를 구하고 있는데 관심 있으십니까?"

'여호와 이레! 여호와께서 친히 예비하시느니라! 감당치 못할 시험 당함을 허락치 아니하시고 시험 당할 즈음에 피할 길을 내시는구나.'

저는 집에서 쫓겨난 그날로 비원 앞 한옥 기와집 독채에서 생활하며 공부를 가르치게 되었습니다. 형님 댁은 마포구 상암동 산동네, 흙벽돌로 지은 30만 원짜리 집이었지만 제가 입주 가정교사를 하게 된 집은 번듯한 기와집이더란 말입니다. 저는 '나와 함께하시는 하나님, 가장 좋은 것을 주시는 하나님'을 체험했습니다.

성공하는 자의 믿음

그 분으로 말할 것 같으면 천안에서 유명한 제과점을 할 뿐 아니라 전통 있는 교회의 권사님이셨습니다. 그 남편은 암으로 세상을 떠났습니다. 그 분의 라이프 스토리는 한마디로 간증거리였습니다.

부군 되던 분은 그 교회 장로님 아들이었습니다. 그는 고등학교를 졸업하고 군대를 다녀온 뒤 젊은 나이에 천안 역전에서 국화빵 장사를 시작했습니다. 그는 결혼한 뒤에도 국화빵 장사를 계속해서 돈을 벌어 땅을 샀습니다. 국화빵 장사는 점점 더 잘 되었습니다. 그런데 신앙심이 깊은 부인과 달리 남편은 장로님의 아들인데도 돈 버는 일만 좋아했다고 합니다.

아내가 "여보, 우리 주일에는 쉬고 예배드립시다"라고 말

해도 남편 되는 집사님은 "장로 되려면 돈이 있어야 해. 우리 아버지도 장로인데 돈이 많이 들어. 나도 돈 많이 벌어서 빌딩 짓고 그 다음에 장로 될 거야. 그러니까 그때까지는 주일에도 장사를 해야지"라고 말했습니다. 아내는 남편의 처사가 마음에 들지 않았지만 어찌할 수 없었습니다.

그후 그들은 당시 4층 빌딩을 지을 수 있을 만큼 큰 돈을 벌었습니다. 빌딩 설계를 마치고 허가를 받고 이제 막 공사에 들어가려는 순간 남편 되는 집사님이 그만 쓰러지고 말았습니다. 서울에 있는 큰 병원에 입원하여 진단을 받은 결과 병명은 암이었고 투병생활을 하던 6개월간 치료비로 꼬박 3천만 원을 쓰고 나서 세상을 떠났습니다. 자녀로는 4남매가 있었습니다.

남편이 죽고 나자 이번에는 아내가 나서서 대신 국화빵 장사를 시작했습니다. 하지만 장사를 시작하기 전에 한 가지를 약속했다고 합니다. 역전에서 하는 국화빵 장사라 주일에 더욱 잘 되지만 "나는 엿새 동안만 장사하겠다. 토요일까지 장사하고 주일에는 문을 닫겠다"라고 선언한 뒤 장사를 시작했습니다. 천안 전체에 그 소문이 퍼지자 손님들은 점차 토요일에 줄을 서서 빵을 사갔고 월요일에는 주일에 못 산 사람들이 기다려서라도 빵을 사가는 진풍경이 벌어졌습니다. 더욱이 국화빵에서 호도과자로 품목을 바꾸어가며 제과점까지 열게 되었습니다. 그렇게 장사를 시작한 지 얼마 되지 않아 남편이 짓지 못한 빌딩을 짓는가 하면 자녀들도 모두 잘 되는 복을 누렸습니다.

초등학교밖에 나오지 않은 과부가 자녀 넷을 키워가며 호도과자를 만들어서 이룬 성공은 그야말로 세상을 놀라게 했습니다. 살아 계신 하나님을 믿으면 과부도 자녀들을 훌륭히 키워낼 수 있을 뿐만 아니라 사업적인 성공도 이룰 수 있다는 것을 보여주었습니다. 제가 집에서 쫓겨난 날 하나님께서 정확히 피할 길을 내어주신 것처럼 말입니다.

형님을 예비해두신 하나님

제가 신학교를 다니는 동안에도 하나님의 인도와 돌보심은 떠날 때가 없었습니다. 신학교 2학년 때에는 장가도 들었습니다. 장가든답시고 경찰 공무원이던 둘째형의 집을 담보로 50만 원을 빌렸습니다. 게다가 고등학교에 들어가는 처남을 데리고 있어야 하니 방이 두 개는 있어야 한다면서 장인어른이 준 60만 원을 더해 합이 110만 원으로 지하 전세방을 얻어 살았지요.

신학교를 졸업한 뒤 교회를 개척하기 위해 저는 반월공단으로 내려가기로 했습니다. 반월공단은 약 250호의 가구가 있었고, 70년 된 감리교회도 있었습니다. 저는 길옆으로 지하실이 큰 집을 하나 발견했습니다. 아마도 그 지역에서 예배를 드릴 수 있을 만한 유일한 공간이 아닐까 하는 생각이 들었습니다. 하지만 그 지하실을 계약할 돈이 없었습니다.

교회를 개척하려면 돈이 많이 드는데 누구 하나 도와주는 사람이 없었습니다. 돈이라면 지하 전세 보증금 110만 원과 이사 가면 깨진 바가지도 필요하다면서 중고등부 교사들이 거둬준 60만 원이 전부였습니다. 그런데 기적은 엉뚱한 곳에서 일어났습니다.

저는 우연치 않게 만난 둘째형한테서 큰형의 소식을 듣게 되었습니다. 요즘 큰형님이 진행하는 사업이 잘 되어 큰돈을 가지고 있다는 것이었습니다. 저는 속으로 생각했습니다.

'아, 그 돈! 나 주려고 주신 것 같다. 믿은 대로 될지어다.'

저는 용기를 냈습니다. 대학 졸업반 때 집에서 쫓겨난 뒤로 거의 찾지 않던 집을 얼른 찾아간 것입니다. 가는 날이 장날이라고 형님은 큰조카 때문에 화가 나 밥상을 뒤엎어놓은 상태였습니다. 하지만 저는 체면 불구하고 형님께 돈을 좀 달라고 말했습니다.

"뭐하는 데 쓰려고?"

"형님, 교회를 할 만한 장소를 물색해서 계약해두었는데 중도금 치를 돈이 없습니다. 돈 좀 주십시오."

저는 속으로 '살아 계신 하나님이 역사하신다면 저희 형님의 마음도 변화시켜주시고 돈도 주실 줄 믿습니다' 라고 기도하면서 이렇게 말했습니다. 그랬더니 형님 왈,

"얼마 줄까?"

저는 형님의 말에 깜짝 놀랐지만 천연덕스럽게 적어도 1백만 원을 달라고 말했습니다. '79년도에 1백만 원이면 전세방 하나 반 값입니다. 형님이 이틀 뒤에 오라고 해서 찾아가자 형님은 선뜻 1백만 원을 건네주셨습니다. 동생이 신학교에 간다고 하자 당장 집에서 쫓아내던 그 형님의 마음을, 오늘도 함께 계시는 하나님, 피할 길을 주시고, 강퍅한 사람의 마음을 열어 복음을 듣게 하시는 그 하나님께서 움직여주신 것입니다.

필시 예수님을 영접할 사람!

결국 그 돈으로 이사를 하고 나자 한 달 생활비 정도의 돈이 남았습니다. 저는 6월 10일 개척교회의 첫 예배를 앞두고 기도원에 올라가기로 했습니다. 기도원에 올라가기 전에 저는 간판을 다는 사장님에게 다음과 같이 당부했습니다.

"토요일까지는 교회 간판을 달아주십시오. 그리고 토요일 저녁 때 대금을 치르겠으니 교회로 찾아오십시오."

기도원에 다녀왔더니 교회 간판은 잘 붙어 있었고 그날 저녁 9시 25분쯤 약속한 대로 간판을 단 사장님이 대금을 받으러 교회로 찾아왔습니다. 저는 이때도 역시 대금을 치를 돈을 건네다말고 전도하기 시작했습니다.

"사장님, 혹시 4영리에 대해서 들어보셨습니까?"

"전도사님, 4영리고 5영리고 골치 아픈 얘기 그만하고 돈 이리 주세요."

저는 그만둘 수 없었습니다. '전도사'란 '전도하는 일에 도통한 도사님'이라는 뜻입니다. 하지만 어찌된 일인지 제가 전하는 말이 전혀 먹혀들지 않았습니다.

"집이 어디세요? 애들이 몇이세요? 어디서 살다 오셨어요?"

"전도사님, 왜 돈은 안 주고 이것저것 캐묻기만 하세요?"

상대의 마음을 조금이나마 열어보려고 이런 저런 이야기를 하다보니 그만 밤 12시 반이나 되어버렸습니다. 3시간이나 흘렀지만 돈을 주지 않으니까 가지도 못하고, 그 분도 어지간히 안달이 날 만했지요. 저야 복음을 받아들이지 않으니까 돈을 안 줄 수밖에요. 하지만 저도 졸음이 쏟아졌습니다.

'하나님, 저 같은 사람도 예수 믿게 하시고 이 자리로 인도하신 하나님. 이제 날이 새면 첫 예배를 드려야 합니다. 하나님, 누구를 놓고 설교를 해야 합니까? 이 사람도 그 자리에 와야 할 사람이 아닙니까! 우연이란 없다 하셨사오니 지금 3시간이 넘도록 안 가고 있는 이 사람에게 전도하라고 기회 주신 줄로 믿습니다. 그런데 전도가 안 되고 있습니다. 성령께서 할 말과 할 일을 생각나게 해주신다고 하셨으니 말씀해 주옵소서. 저는 이제 할 말이 없습니다. 그리고 졸음이 몰려와 죽겠습니다. 하나님, 저는 힘이 없습니다. 저에게 지혜를 주세요.'

저는 이렇게 속으로 간절히 기도하면서 그 사장님의 얼굴을 쳐다보았습니다. 그러자 갑자기 깨닫게 되는 것이 있었습니다.

'아! 이 사람, 술을 좋아하는구나! 술을 좋아하는 사람들은 간이 나빠져서 큰형님처럼 안색이 검지. 또 주독이 올라 핏줄도 튀어나와. 옳지. 이 사람은 술을 좋아하는 사람이다.'

저는 그때부터 제 간증을 하기 시작했습니다. 11남매 중 열째로 태어났고, 동생을 잃어버렸고, 영양실조로 여섯 형제나 죽었고, 우리 형은 두 번이나 이혼한 사람이고, 아버지, 형 모두 술과 노름으로 반 폐인처럼 살던 분들이라는 것, 나 역시 여섯 살 때 화투치기 배웠고, 열다섯 살 때 술 마셨고, 열여덟 살 때 담배를 배워 뺀들대던 사람이라는 것을 말하자 드디어 그 사장님이 "그러면 어떻게 술 끊고 예수를 믿었소?"라고 물었습니다. 그러는 사이에 새벽 2시가 되었습니다. 하지만 저는 하나님께서 이 사람을 변화시켜주시리라 믿었고 그러자 그후에 할 말 역시 기억이 났습니다. 저는 연이어 하나님과 사람 사이에 존재하는 4가지 영적 법칙을 설명하기 시작했습니다.

밀착 전도

첫 번째 법칙은 하나님께서 당신을 사랑하시며, 당신을 위해 놀라운 계획을 가지고 있다는 것입니다. 하나님이 당신을 얼마나 사랑하시는지 아십니까? 요한복음 3장 16절에는 "하나님이 세상을 이처럼 사랑하사 독생자를 주셨으니 이는 저를 믿는 자마다 멸망치 않고 영생을 얻게 하려 하심이라"라고 기록되어 있습니다. 예수를 믿으면 영생을 얻습니다. 죽으면 천국 혹은 지옥에 가는데 예수를 믿으면 천국에 가고 안 믿으면 지옥에 갑니다. 육체는 흙으로 돌아갑니다만 예수가 재림하시면 모든 육체가 부활하여 천국 혹은 지옥으로 가게 됩니다. 영원한 행복이 있는 나라, 영원한 저주의 나라가 있습니다. 예수님을 믿으면 우리는 그 놀라운 하나님의 사랑을 받을 수 있습니다.

그럼 예수님은 왜 오셨을까요?

"내가 온 것은 양으로 생명을 얻게 하고 더 풍성히 얻게 하려는 것이라"(요 10:10).

예수님은 사장님과 저를 위해 우리의 선한 목자로 오셨습니다. 그런데도 우리는 술과 노름과 세상만 알고 삽니다. 왜냐하면 우리가 죄를 지었기 때문입니다. 모든 사람이 죄를 범하였으매 하나님의 영광에 이르지 못한다고 했는데 "그럼 무엇이 죄입니까?" 이것이 두 번째 법칙입니다.

태초에 하나님은 사람을 만드실 때 하나님과 사람이 서로 교제하도록 만드셨습니다. 그렇지만 인간은 하나님 아버지를 믿지 않고 불순종하고 선악과를 따먹고 제 욕심대로 살기 시작했습니다. 아버지 말씀을 거역하고 제 욕심대로 사는 것을 불신앙, 불순종의 죄라고 말합니다. 집을 나가 가출한 아이처럼 인간은 하나님의 품을 떠나 제 고집대로 살기 시작했습니다. 그 결과는 사망뿐입니다. 죄의 삯은 사망이기 때문입니다. 결국 인간은 하나님과의 관계가 끊어질 뿐만 아니라 지옥으로 가게 되는 것입니다.

"그러면 우리는 어떻게 될까요?" 이것이 세 번째 법칙입니다. 이제 인간은 하나님의 아들 예수님을 통해서만이 인간과 하나님의 관계에서 죄의 용서함을 받고 아버지 집으로 돌아갈 수 있습니다. 로마서 5장 8절에 보면 예수께서 사장님과 저를 위해 십자가에서 대신 죽으셨습니다. 고린도후서 15장 3절에서 6절 말씀을 보면 그 죽으신 예수님이 성경의 예언대로 사흘 만에 부활하셨습니다. 그래서 그분은 우리의 죄를 청산해주시고 우리를 하나님의 집으로 인도하시는 길이요, 진리요, 생명이 되어주셨습니다.

그러나 이 세 가지 사실만 가지고는 안 됩니다. 마지막 네 번째 법칙을 깨달아야만 합니다. 사장님과 저를 위해 죽으시고 부활하신 예수님을 마음으로 받아들이고 입으로 시인하면 사장님은 하나님의 아들이 됩니다. 요한복음 1장 12절에 "영접하는 자, 곧 그 이름을 믿는 자들에게는 하나님의 자녀가 되는 권세를 주신다"는 말씀을 믿으시기 바랍니다. 믿으면 하나님의 자녀가 됩니다.

"너희가 그 은혜를 인하여 믿음으로 말미암아 구원을 얻었나니"(엡 2:8).

믿으면 구원을 받습니다. 구원은 죄의 용서함을 받아 마음에 평안함이 있고 인생을 살다가 죄 짓고 넘어져도 그분이 깨우쳐주셔서 회개하면 또 건져주시고, 이 세상을 떠나게 되면 천국에 가고 영생을 누리고 장차 부활해서 몸까지 천국에 가는 것입니다. 하지만 믿지 않으면 지옥에 갑니다. 믿기만 하면 구원을 받습니다. 오늘 하나님의 아들 예수님을 통해서 구원을 얻게 됩니다.

"볼지어다 내가 문 밖에 서서 두드리노니"(계 3:20).

자기 고집대로 사는 사장님의 마음 문 역시 예수님이 지금 두드리고 계십니다. 그 문을 열면 항상 함께 계시며 당신 인생의 참 목자가 되어주시겠다고 말씀하십니다.

세상에는 두 종류의 사람이 있습니다. 첫 번째 부류의 사람은 내 마음에 있는 내 자아, 내 고집, 내가 주인입니다. 내 생각, 내 노력, 내 힘으로 인생을 살다가 무언가 조금 되었다 싶으면 교만해지고 뭐가 좀 안 되었다 싶으면 좌절하다가 결국 지옥에 갑니다. 그러나 두 번째 부류의 사람은 나를 위해 죽으시고 부활하신 하나님의 아들 예수 그리스도를 나의 구주로 믿고, 죄를 용서받고, 그분의 말씀을 의지하며 살아갑니다. 실수하고 죄를 지으면 깨우쳐주십니다. 회개하면 용서해주십니다. 힘이 없고 부족합니까? 기도하면 채워주십니다. 구하는 대로 힘을 주시고 부족함을 채워주셔서 바다나 산과 같은 장애물도 극복하고 승리하며 살아가게 하십니다. 신바람 나는 삶을 삽니다. 사장님, 사장님은 첫 번째 부류의 나 중

심의 사람입니까? 두 번째 부류인 예수님 중심의 사람입니까?

나 같은 사람도!

결국 새벽 2시 25분이 되자 이분이 펑펑 울기 시작했습니다. 돈을 받으러 찾아온 지 꼭 5시간 만의 일이었습니다.

"전도사님, 나 같은 사람도 예수 믿으면 되나요?"

"물론입니다."

"하지만 저는 어머니도 두드려 팬 사람인 걸요. 제 처도 술 먹고 하도 두드려 패서 8년 전에 딸아이를 데리고 도망가서 소식이 없습니다. 저는 지난 8년 동안 혼자서 의정부, 동두천, 성남, 안양, 안산에서 굴러먹던 사람입니다. 그림 그리고 간판 만들어 달면서 살지만 저에게는 사실 아무런 소망이 없습니다. 날마다 술로 사는 사람입니다. 만일 내가 교회 나간다고 하면 동네 사람들이 모두 손가락질할 겁니다. 집집마다 외상값 없는 집이 없습니다."

"그렇지 않습니다. 건강한 사람에게 의원이 쓸데없고, 병든 사람에게 의원이 쓸 데 있는 것처럼 예수님은 의인을 부르러 온 것이 아니라 죄인을 부르러 오셨다고 말씀하셨습니다. 사장님, 저나 사장님 같은 죄인을 구원하기 위해서 예수님이 오셨습니다. 이 예수님이 나 때문에 죽으시고 부활하신 것을 믿으시면 사장님의 모든 죄를 용서해주실 뿐만 아니라 앞으로 인생의 어떤 어려움도 이겨낼 수 있는 힘을 주실 것입니다. 인생을 살아갈 새 길을 열어주실 것입니다."

그 사장님은 5시간 만에 주님을 눈물로 영접하고 새벽 2시 반에 돈을 받고 돌아갔습니다. 결국 6월 10일 오전 11시에 드린 첫 예배에는 저를 포함해서 5명이 드리게 되었습니다. 제 아내와 일곱 달 된 제 딸, 그리고 저와 철물점 사장님, 간판 다는 사장님 이렇게 다섯이서 말입니다.

잠근 동산 봉한 샘, 동산

새벽 3시에 잠자리에 든 후 아침 8시에 일어나 청소하고 나서 저는 단독 목회의 첫 번째 설교를 준비했습니다.

아가서 4장 11절과 12절 말씀, 제목은 '동산교회'입니다. 동산교회는 잠근 동산, 봉한 샘과 같은 교회가 되리라는 말씀을 준비해서 성큼성큼 강대상으로 올라갔습니다. 본당이라고 해봐야 살림집하고는 커튼 하나 사이에 있었습니다. 마이크도, 피아노도 없이 오로지 5천 원짜리 종 하나만 사다놓고 첫 예배를 드리게 되었지만 저는 큰 기대감으로 섰습니다. 본당에는 새벽 2시 반에 기도하고 갔던 간판집 사장님이 이미 와서 앉아 있었습니다. 그 분을 보는 것만으로도 온 예배당이 꽉 찬 듯한 감격이 느껴졌습니다.

5시간 동안 애써서 전도할 때는 수고로웠지만 애를 낳으면 기쁜 것처럼 영적인 아이가 와서 앉아 있는 것을 보는 순간 한 영혼이 온 천하보다 귀하다는 말씀이 실감되었습니다. 저는 잠깐 기도하고 11시 정각에 종을 치고 예배를 인도하기 시작했습니다. 성시를 읽고 사도신경을 고백하고 다같이 찬양을 하기 시작했는데도 아직까지 철물점 사장님이 오지 않았다는 것이 무척이나 신경이 쓰였습니다. 저는 찬양을 하면서도 '이 찬양이 끝나면 철물점 사장이 오게 해주세요' 라고 기도하면서 애타게 기다리는 심정이 되었습니다. 믿은 대로 될지어다! 그 찬양이 끝나기가 무섭게 철물점 사장님이 나왔습니다. 그렇게 해서 저희 동산교회의 첫 예배에는 교인 전원이 출석했습니다. 그 다음으로 제 설교가 이어졌습니다.

"우리 교회는 동산교회입니다. 동산교회라는 뜻은 아가서 4장 11절과 12절을 기초로 하고 있습니다. 우리 교회는 첫째 잠근 동산, 봉한 샘과 같은 교회가 될 것입니다. 동산에 쓰레기나 각종 오염원이 들어오지 못하도록 우리는 이 동산을 잘 지켜야 합니다. 우리는 우리의 교회공동체에 인본주의, 세속주의가 들어오지 못하도록 잘 지켜야 합니다. 동산에 샘이

솟듯이 말씀의 생수로 우리 가슴을 꽉 채워야 합니다. 하나님의 말씀의 생수가 차고 넘쳐서 흘러가는 곳마다 싹이 트고 꽃이 피는 것처럼, 불신자들의 가슴속에 말씀의 생수를 흘려보내는 전도하는 교회가 되어야 합니다."

예배당이 꽉 차는 환상과 믿음

한참 진지하게 설교하는데 갑자기 앞에 앉아 있던 간판집 사장이 뒤를 쳐다봤습니다. 저는 버럭 소리라도 지르고 싶었지만 온유한 자가 복이 있다고 했으니 참아야지 어쩌겠습니까? 하지만 속으로 얼마나 열이 치받았는지 모릅니다.

주기도문으로 마친 다음 저는 오늘 새로 나오신 두 분더러 남으라고 했습니다. 석유풍로에다 커피를 끓이고 기도한 다음 한 잔씩 나눠 마시면서 서로를 소개하는 시간을 가졌습니다. 간판집 사장과 철물점 사장을 소개하자 두 분은 이미 서로 아는 사이라지 뭡니까? 서로 소개할 필요도 없게 되자 어느새 화제가 떨어져서 교회에 침묵이 흘렀습니다. 당황한 저는 순간적으로 기도했고 그러다가 예배 도중 간판집 사장이 뒤를 돌아본 생각이 나서 이렇게 물었습니다.

"사장님, 아까 설교할 때 왜 뒤를 돌아다보셨습니까?"

그러자 그 분이 얼굴이 벌게지면서 "아! 어떻게 그걸 보셨어요?'라며 겸연쩍어 했습니다.

"아니 저는 전도사님이 우리는 '잠근 동산, 봉한 샘이로다' 라고 소리소리 지르길래 제 뒤로 사람이 꽉 찬 줄 알고 얼마나 왔나 싶어 돌아보았죠. 그랬더니 단 두 사람뿐이던 걸요!"

"오늘은 두 사람이 왔습니다. 하지만 포도원의 포도원지기나 농사짓는 농사꾼이 농사를 지어서 첫 열매를 추수한다는 것은 본격적인 추수의 때를 알리는 사인(sign)입니다. 마찬가지로 우리 교회에 전도의 첫 열매는 오늘 오신 두 분입니다. 저는 머지않아 이 뒷자리가 꽉 찰 것을 믿고 설교했습니다."

그러자 두 분은 동네도 작고 세대수도 많지 않다면서 제 말을 믿지 않았습니다. 하지만 저는 "이 성중에 내 백성이 많다"라고 하신 말씀을 믿으며 후일을 기약했습니다.

이 동네에 내 백성이 많다

첫 예배를 드린 다음날 강도사고시를 보고 합격한 뒤 저는 6월 14일부터 전도를 시작했습니다. 전도일지를 쓰면서 온 동네를 휘젓고 다녔습니다. 오늘은 누굴 만나 무슨 이야기를 했는지 일일이 기록해가며 전도했습니다. 6개월간 250세대를 각각 최소한 5번 내지 13번이나 방문하면서 전도하자 하나님은 전도의 문 또한 홍해바다처럼 열어주셨습니다.

6개월 만에 97명이 예배를 드렸으며, 교회 설립 1주년이 되는 날에는 131명이 출석해서 예배를 드렸습니다. 그 사이 공장이 들어서면서 주택도 늘고 가구 수도 늘어나 2부로 나누어 두 차례 예배를 드리게 되었는가 하면 세 군데나 되는 예배당을 준비했노라면 믿으시겠습니까? 하지만 그것은 단지 건물을 크게 짓지 못했기 때문입니다. 마땅한 예배당을 짓지 못한 채 세 군데에서 부목사 두 사람과 제가 돌아가면서 설교를 했습니다. 그러자 하나님께서는 학교를 짓는 돈도 주시고 3천 명 들어갈 수 있는 예배당도 짓게 해주셨습니다.

이제 다시 5천 명이나 들어가는 예배당을 지을 수 있는 땅도 주셨습니다. 저처럼 가난하고 인격적으로 부족하고 말썽만 피우던 사람에게 하나님은 하나님의 사람들을 때에 맞게 보내주셔서 변화시켜주셨습니다. 학교를 세워 교육하고 봉사하게 하셨습니다. 선교하고 구제할 수 있는 복도 허락해주셨습니다.

하나님께서는 꾸준히 기도하는 사람에게 하늘의 복을 주십니다. 믿기는 믿어도 꾸준히 기도하는 사람은 많지 않습니다. 왜 그렇습니까? 꾸준히 기도하지 못하는 것은 의심하기 때문입니다. 마귀는 의심을 줍니다. 믿음이란 뭡니까? 살아 계신 하나님, 내 감정과 상관없이 성경의 말씀대로 이루어주시는 하나님, 상 주시는 하나님, 길을 열어주시는 하나님을 믿는 것입니다.

구하고 찾고 두드리십시오. 믿음으로 단 한 번 기도하라고 하지 않고 왜 구하라, 찾으라, 두드리라고 했을까요? 믿음을 가지고 끈질기게 기도하라, 의심하지 말고 기도하라는 말씀입니다. 의심하면 기도가 중단된다는 것을 경고하고 있습니다.

구하고 찾고 두드리는 자에게 좋은 것을 주신다고 말씀하시는 하나님, 구하는 자에게 성령을 주신다고 말씀하신 하나님은 의심하지 않는 사람에게, 의심과 감정을 접고 말씀대로 이루어주실 줄 믿는 사람에게, 구하는 자에게 성령을 주시고 좋은 것도 주신다는 것을 믿으시기 바랍니다. 홍해와 같은 장애물, 요단강 같은 장애물, 여리고 같은 장애물, 물질이나 건강, 인간관계를 가로막는 어떠한 장애물도 없애주시며 가나안의 복을 채워주신다는 사실을 믿고 체험하게 되기를 바랍니다.

자녀에게 넘친 은혜

개인적으로 제 아이들 이야기를 하자면 제 아이들 셋 중에 하나가 52명 중 52등을 한 적이 있습니다. 물론 10년 전 일입니다만 그때 저는 제 인생을 걸고 목회에 집중하고 있었습니다. 2천5백 명이나 되는 교인들의 제자훈련이 진행되는 동안에는 저 역시 밤 11시 이전에 귀가하기 어려웠습니다. 그러는 사이에 아이를 셋 낳았지만 그동안 아이들에게 기역 니은 한 번 가르쳐본 적이 없었습니다. 아이들은 제멋대로 자라났습니다. 하지만 저는 기도하면 다 잘될 줄 알았습니다.

그러던 어느 날, 제 손에 52명 중에 52등 했다는 성적표가 떨어진 것입니다. 아내는 그 성적표를 받아든 순간 졸도하고 말았습니다. 저 역시 충격이 적지 않았지만 그래도 깨어난 아내를 붙들고 말했습니다.

"아무것도 염려하지 말라고 했소. 돈이든, 건강이든, 공부든, 인간관계든, 홍해든, 산이든, 아무것도 염려하지 말고 오직 모든 일에 기도와 간구로 너희 구할 것을 감사함으로 하나님께 아뢰라고 말이오. 우리가 그동안 애들을 위해 기도를 소홀히 했소. 사실 우리 아이가 학교에 못 간다고 해도 그만이오. 수업료도 안 들어서 괜찮아요. 하지만 동산교회 누구 목사 아이가 학교에도 못 갔다고 하면, 그런 소문이 나면 우리 중고등부에 과연 누가 나올까? 목사님 아이들이 제대로 된 게 하나도 없다면 누구 망신이겠소? 사실 여태껏 아이들을 위해서 감사헌금 한번 제대로 하지 못했잖소. 네 보물이 있는 곳에 네 마음도 있다는 말씀처럼 이제부터라도 우리 아이들을 위해 감사하며 기도합시다."

저희 식구들은 그때부터 부부 이름으로, 또 아이들의 이름으로 각각 다섯 식구가 십일조나 일반헌금 외에 매주 5만 원씩 별도로 헌금하고 있습니다. 저는 아이들의 이름을 적고 잘되게 해달라고, 나중 된 자가 먼저 되는 은혜를 달라고 기도했습니다. 아침 9시, 12시, 오후 3시, 심지어 5시에 포도원에 들어간 사람에게도 모두 하루 치 일당이 주어졌던 것처럼 은혜 주시기를 바라며 기도했습니다. 그것은 불공평이 아닙니다. 하나님의 은혜입니다. 저는 하나님께서 보너스 은혜도 주시는 하나님이심을 믿고 기도했습니다.

"하나님, 조금 늦었지만 제 아이들에게 은혜를 주세요. 이왕이면 좋은 학교에 가게 해주세요. 저 아이들을 보니 하나님이 살아 계시다는 것을 알 수 있다고 고백할 수 있게 해주세요."

지속적으로 기도하자 어떤 일이 일어난 줄 아십니까? 거꾸로 세면 1등 하던 그 아이가 앞에서 5등 하는가 하면 특출할 것도 없이 보통 성적을 유지하던 아이들도 고등학교에 올라가면서 코피 쏟으며 공부하더니 이제는 공부를 썩 잘하는 축에 들었습니다.

한 번에 들어가는 거야!

사실 제 아이들은 어렸을 때 성적으로만 보면 모두 대학 가기 힘들었습니다. 그런데 매주 감사헌금을 하며 지속적으로 기도했더니 한 명도 대학에 떨어지지 않았습니다. 하나님은 저에게 자녀들의 대학입학이라는 홍해마저 건너게 해주셨습니다.

제 자랑 같지만 이것은 자랑이 아니라 일종의 간증입니다만 제 큰딸은 독일 괴팅겐 대학 문과대학에 들어갔습니다. 6개월에 백 불만 내면 됩니다. 거의 공짜로 공부하다시피 하고 있습니다. 독일 슈뢰더 총리가 바로 이 괴팅겐 대학교 법과대학 출신입니다. 이 아이가 얼마나 공부를 잘하는지 아무리 봐도 기적입니다.

둘째 아들아이가 추첨으로 들어간 중학교는 그다지 좋지 않은 신설학교였습니다. 입학식에 다녀온 아이는 당장 학교에 안 가겠다고 했지만 저는 그런 아이를 설득했습니다.

"똥통학교가 어디 있냐? 신설학교라서 선배도 없고 운동장이 없는 것뿐이야. 건물이 좋아야 일류가 아니란다. 네가 실력만 있으면 일류가 될 수 있어. 네가 공부 잘하고 착하고 봉사할 줄 알면 그런 네가 일류가 되는 거란다. 내게 능력 주시는 자 안에서 내가 모든 것을 할 수 있느니라!"

그후 그 아이는 동산고등학교에 들어갔고 수석으로 졸업했습니다. 또 어느 대학이든지 다 갈 수 있었지만 반드시 연세대학교에 가겠다고 해서 연세대학교에 들어갔습니다. 그것도 안산시청에서 장학금까지 받아가며 말입니다. 게다가 이번에 토익시험을 봤는데 990점 만점에 927점을 받았습니다.

중학교 때 반에서 40등 하던 제 막내. 명색이 아버지가 동산고등학교 이사장인데 다른 고등학교에 가면 안 되겠다 싶었지만 그때의 실력으로는 동산고등학교에 갈 수가 없었습니다. 하지만 저는 감사헌금을 계속 해가면서 기도했습니다. 어느덧 중3이 되자 40등 하던 아이가 14등까지 하게 되었습니다. 그렇지만 그 당시 동산고등학교는 반에서 적어도 6,7등은 해야 들어갈 수 있는 학교였습니다. 저는 떨어져도 괜찮다면서 동산고등학교에 지원하도록 했고 아이는 다행히 312명 중 223등으로 학교에 들어갈 수 있었습니다.

그런데 문제는 학력 차가 심한 신설학교에는 우반과 열반이 나누어진다는 점이었습니다.

우반은 두 반뿐입니다. 그러니까 전교 100등 안에 들어야 우반에 들어갈 수 있다는 말입니다. 저는 다시 아이를 독려했습니다.

"너는 하마터면 동산고등학교에 못 들어갈 뻔했다. 하지만 기도했더니 갔지? 그러니까 방학 기간 동안 더욱 열심히 공부해라. 아버지도 기도하면서 도와주마."

막내는 방학 기간 내내 열심히 공부 했습니다. 개학을 하면 모의고사를 보는데 이때 본 모의고사 성적과 입학성적으로 반 편성을 하게 됩니다. 그런데 모의고사를 얼마나 잘 봤는지 입학할 때 등수가 223등이던 아이가 모의고사 등수와 합산하여 평균을 낸 결과 85등을 해서 결국 우반에 들어갔습니다.

그후에도 성적이 지속적으로 오르기를 바랐건만 그렇지 못했습니다. 오히려 쩔쩔맸습니다. 400점 만점 모의고사에서 기껏해야 290점, 300점대를 유지했습니다. 최고점수가 315점쯤 되었지만 그만한 성적으로는 어림없었습니다. 그런데 2학년 11월, 수능을 1년 앞두고 아이가 폭탄선언을 했습니다.

"저 미술을 안하면 평생 후회할 것 같아요."

하지만 미술을 아무나 합니까? 여태껏 이과(理科) 공부를 하던 아이가 지금부터 미술을 시작해서 어느 대학에 갈 수 있겠습니까? 더욱이 아이는 홍대 미대에 가겠다고 했습니다. 홍대는 성공하는 예술가들을 배출하는 본산입니다. 보통 어려운 게 아닙니다. 그래도 가겠다는 데 말릴 수가 없었습니다. 아내는 시험 봤다가 떨어지면 재수하라고 말했지만 저는 생각이 달랐습니다.

"너 가면 한 번에 가는 거다. 재수하면 큰돈이 없어진다. 아빠는 돈 없다. 헌금하기에도 바빠. 아빠가 기도할 테니 한 번에 들어가는 거야!"

그때부터 저는 구하는 자에게 좋은 것으로 주시는 하나님을 의지하며 아침저녁으로, 엘리베이터에서, 아파트 마당에서 수시로 아이를 붙들고 기도했습니다. 진짜 하루도 빼지 않고 기도한 결과 입학생의 80퍼센트가 재수생이라는 홍익대학교 미술대학에 한 번에 들어갔습니다.

자식이라는 홍해, 공부 홍해, 가난의 홍해바다가 제 앞에 펼쳐진 순간에도 저는 그 위기를 하나님께 아뢰며 기도했습니다. 그 결과 토요일과 주일이면 아빠 얼굴도 보지 못하고 자란 아이들에게 지금은 아빠가 너무나 자랑스럽다고 존경받고 있습니다. 무엇 때문에 걱정하십니까? 저처럼 쓰레기통에 빠진 사람도 들은풍월로 기도하다가 복을 받는 마당에 왜 걱정하십니까? 문제는 하나님 아버지께 맡기십시오. 문제를 해결해주시면 하나님의 은혜로 알고 하나님께서 기뻐하시는 자로, 물질과 건강, 시간과 인생을 쓰겠다고 결단하십시오.

"주여! 저는 이제부터 걱정하지 않습니다. 지금도 저와 함께하신 하나님, 구하는 자에게 좋은 것으로 주시는 아버지이심을 믿습니다. 하나님께서는 무엇이든지 갈라주고 해결해 주시는 능력 있음을 믿고 그 믿음으로 살겠습니다. 용기를 주셔서 겁과 두려움, 미움이 없어지게 하시옵소서. 부부가 사랑으로 하나 되게 하옵소서. 우리의 가정, 사업, 학문, 결혼, 인생의 문을 열어주옵소서. 믿음의 문을 열어주셔서 우리 앞에 펼쳐진 장애물을 갈라주시는 하나님을 체험할 수 있도록 도우소서."

Never Give Up!

시련은 있으나 좌절은 없다!

- 고난의 때는 가장 좋은 것을 주시기 위한 성숙의 기간으로 알라.
- 자녀를 위해 입술로만 기도하지 말고 재물로도 감사하며 기도하라.

"너희가 악한 자라도 좋은 것으로 자식에게 줄줄 알거든 하물며 하늘에 계신 너희 아버지께서 구하는 자에게 좋은 것으로 주시지 않겠느냐"(마 7:11).

4부
광야를 통과한 자에게 주시는 하늘의 복

****

우리가 인생의 시험을 어떻게 통과할 수 있습니까? 중요한 것은 하나님의 말씀에 순종하겠다는 마음으로 늘 꾸준히 기도하는 사람들에게 하나님은 피할 길을 주시고, 이길 힘을 주시고, 미래에 될 일을 알려주십니다. 시험 앞에 주눅들지 마십시오. 시험은 하늘의 복을 받기 위한 영적 도약대입니다.

****

08 고통을 이겨내는 존귀한 인생

야베스는 비록 고통 가운데 있었지만 기도했을 때 복에 복을 받아 존귀한 자가 되었습니다. 영향력을 미치는 사람이 되었습니다. 하나님께 구하는 대로 다 허락받아 환난을 이긴 야베스처럼 하늘의 복을 체험하는 삶이 되기를 바랍니다.

이 사람을 보라

"야베스는 그 형제보다 존귀한 자라 그 어미가 이름하여 '야베스'라 하였으니 내가 수고로이 낳았다 함이었더라"(대상 4:9).

구약성경 역대상에는 1장부터 4장까지 약 500여 명의 이름이 쭉 등장합니다. 4장에도 44명의 이름이 등장하고 있습니다. 그런데 야베스가 등장할 무렵에는 갑돌이, 철수, 이쁜이, 똘똘이 등 이름을 죽 부르다가 갑자기 "이 사람 야베스를 보십시오"라고 한 사람의 이름을 거명하며 사람들의 시선을 집중시키고 있습니다. 더욱이 "그 형제보다 존귀한 자라"라고 소개하고 있습니다. 소개되고 있는 500명의 이름 가운데서,

더 나아가 4장에서 거론되는 44명의 이름 가운데서도 '존귀한 자'라는 뜻입니다. 그러나 야베스는 태어날 때부터 '절망의 사람'이었습니다.

그의 어머니가 이름을 야베스라 지었는데 '야베스'란 히브리어로 '수고, 고통'이라는 뜻이 있습니다. 성경학자들은 도대체 이 여인이 무슨 고통을 당했길래 그 고통을 잊을 수 없어서 그의 이름을 '야베스'라고 지었을지 의아해 합니다. 그러나 성경은 거기에 대해 침묵하고 있습니다.

고통을 통과한 존귀한 자

야베스는 태어날 때부터 전혀 희망이 없는 사람입니다. 아무런 희망도 없이 고통 가운데 태어난 자에게 "야베스는 그 형제보다 존귀한 자라"라는 소개가 웬 말입니까? 존귀한 자는 존귀한 자인데 그 과거는 고통과 수고로 점철되어 있다는 말입니다. 우리 중에도 큰 고통 가운데 있는 사람들이 있을 수 있습니다. 또한 지금은 평안하다 해도 앞으로 큰 고통을 당할지 모르는 사람도 있을 수 있습니다. 이때 성경은 말합니다.

"시험에 들지 않게 깨어 있어 기도하라"(마 26:41).

그렇습니다. 조금 성공했다고 조금 편안해졌다고, 자녀가 일류대학에 들어갔다고 너무 폼 잡지 마십시오. 성경은 또 이렇게 말하고 있습니다.

"그런즉 선 줄로 생각하는 자는 넘어질까 조심하라"(고전 10:12).

선 줄로 생각한다면 조심하십시오. 시험에 들지 않게 기도하기 위해 새벽에 만납시다. 지금 야베스처럼 존귀한 자의 대열에 서 계십니까? 과거를 돌아보고 고통 가운데 있는 사람들을 기억하십시오. 또한 이 자리에 서게 된 것을 감사하며 더 많이 기도할 때 좀더 존귀한 자, 리더가 될 수 있다는 것을 믿으시기 바랍니다. 자칫하면 그 자리에서 추락하고 시험에 들 수 있다는 점을 명심하십시오. 야베스와 그의 모친 역시 절망과 어둠과 고통과 수고 속에 시작된 인생임을 잊어서는 안 됩니다.

그럼에도 불구하고

놀라운 것은 이스라엘 백성이 가나안 땅을 점령하고 막 분배하기 시작할 때 야베스는 북쪽 지방에 살면서 얼마간의 기업을 물려받았다는 점입니다. 그는 조상들의 소문을 들었습니다. 애굽에서 오랜 세월 동안 종살이했다는 사실, 언약의 하나님께서 모세를 통해 열 가지 재앙과 기적을 베풀어주셔서 애굽에서 빠져나올 수 있었다는 사실까지 죄다 들어서 알고 있었습니다. 종살이를 청산하고 광야 40년을 거쳐 요단강을 건넌 이스라엘 백성들이 결국 하나님이 약속하신 대로 젖과 꿀이 흐르는 땅의 주인이 되었다는 것도 알았습니다.

하지만 지금 그의 이름은 '야베스'입니다. 아버지가 도망갔는지, 그의 어머니가 그를 낳다가 죽을 뻔했는지, 갑자기 빚더미에 올라앉았는지 모르지만 그의 이름으로 보아 고통 가운데 있었던 것은 분명합니다. 그럼에도 불구하고 야베스는 나이가 들어가면서 이스라엘의 하나님에 대한 믿음이 점점 자라났습니다. 우리 하나님은 애굽의 종살이를 청산해주시고, 홍해를 갈라주시고, 구름기둥, 불기둥으로 메마른 땅을 헤쳐나갈 수 있는 힘을 주시며, 요단 강물을 멈추어서 젖과 꿀이 흐르는 땅으로 인도해주신 하나님이십니다. 내 기도를 들으시며 내 인생의 고통을 사라지게 해주실 하나님이십니다.

야베스의 마음속에는 하나님을 향한 믿음이 점점 더 자라났습니다. 그리고 어느 날 야베스는 하나님 앞에 기도했습니다. 그 내용이 역대상 4장 10절 말씀입니다.

"야베스가 이스라엘 하나님께 아뢰어 가로되 원컨대 주께서 내게 복에 복을 더하사 나의 지경을 넓히시고 주의 손으로 나를 도우사 나로 환난을 벗어나 근심이 없게 하옵소서."

저는 고통 중에 드린 야베스의 기도가 우리 모두의 기도가 되기를 바랍니다. 비록 시작은 고통스러웠으나 "하나님이 그 구하는 것을 허락하셨더라"라는 야베스의 기도처럼 우리에게도 동일한 은혜를 허락해주시기 원합니다. 야베스의 기도, 야베스가 받은 축복을 모두 누릴 수 있기 바랍니다.

야베스의 기도 내용은 세 가지로 요약할 수 있습니다.

넘치는 복을 구하는 기도

야베스는 하나님께 넘치는 복을 구했습니다. 하나님은 복을 주시되 쩨쩨하게 주시는 분이 아니라 넘치게 주시기를 기뻐하시는 분입니다.

믿음은 바라는 것들의 실상인즉, 두 가지를 확실히 믿어야 합니다.

첫째, 하나님의 존재를 믿어야 합니다. 보이지 않더라도 하나님은 영이시며 지금도 살아서 나의 고통스러운 모습과 나의 현재의 모습을 전부 보고 계시다는 것을 믿어야 합니다.

둘째, 하나님은 자기를 찾는 자들에게 상 주시는 이심을 믿어야 합니다. 설령 지금의 야베스처럼 고통 중에 있을지라도 그 하나님께 나아가는 자, 하나님 앞에 몸과 마음으로 나아오는 자에게 상 주시는 분이심을 믿어야 합니다. 야베스의 하나님이 곧 나의 하나님임을 믿어야 합니다.

"구하라 그러면 너희에게 주실 것이요 찾으라 그러면 찾을 것이요 문을 두드리라 그러면 너희에게 열릴 것이니"(마 7:7).

하나님은 누구에게나 좋은 것을 준다고 약속하지 않으셨습니다. 우리 하나님은 게으른 자에게 복 주시는 그런 하나님이 아닙니다. 기도하는 것이 싫다면 그렇게 살다가 죽는 수밖에 별 도리가 없습니다. 아무리 과거가 힘들고 현실이 어려워도 예수를 믿는다고 해서 모든 것이 똑같이 주어지는 것은 아닙니다.

물론 예수를 믿으면 모두 천국에 갑니다. 믿으면 구원 얻습니다. 믿기만 하면 천국에 갑니다. 하지만 땅에 사는 동안, 은혜와 축복이 모두에게 똑같이 주어지는 것은 아닙니다. 누구에게 준다고 약속하셨습니까? 구하는 자, 찾는 자, 문을 두드리는 자에게 주신다고 분명히 약속하셨습니다.

악한 인간, 하나님께 불순종한 인간은 하나님의 언약의 말씀을 받을 만한 자격이 없습니다. 우리에게 열린 단 하나의 길은 예수 그리스도의 이름으로, 예수 그리스도를 믿고 의지하는 길뿐입니다. 그럴 때만이 영광스런 하나님의 약속을

'아멘'으로 받아들일 특권과 길이 열립니다. 그때 하나님의 약속은 그리스도 예수 안에서 무엇이든지 받을 수 있습니다. 우리가 하나님께 구할 때 하나님은 좋은 것을 주십니다. 게으른 자에게 불붙는 성령의 능력을 주시는 것이 아닙니다.

"너희가 악할지라도 좋은 것을 자식에게 줄 줄 알거든 하물며 너희 천부께서 구하는 자에게 성령을 주시지 않겠느냐"(눅 11:13).

이 말씀은 반드시 좋은 것을 주신다는 말의 반어적 표현입니다. 구하는 자에게 반드시 좋은 것을 주시는 하나님, 성령을 주시는 하나님께 야베스는 기도했습니다. 좋은 것을 주시되 넘치게 달라고 기도했습니다. 복에 복을 더해달라고 기도했습니다.

술찌끼 아침식사

초등학생 시절, 아침에 일어나서 학교 갈 시간이 되면 저는 모든 상황을 눈치로 알 수 있었습니다. 집안에는 죽 한 그릇 없고, 아버지는 간밤에도 집에 들어오지 않으셨다는 것을 말입니다. 아침을 굶고 가더라도 학교에 가면 점심 때 우유가루 끓인 것을 주니까 그냥 가려고 가방을 챙기면 어느새 새어머니가 한숨을 내쉬며 이렇게 말합니다.

"그래도 어떻게 굶고 학교에 가느냐? 기다려보거라."

양푼을 들고 어디론가 부지런히 가시는 새어머니는 양조장에서 막걸리를 짜고 버리는 술찌끼를 얻어다가 저에게 주시곤 했습니다. 이 술찌끼는 돼지 기르는 사람들이 퍼다가 돼지밥으로나 주는 것입니다. 하지만 그 당시에는 이 술찌끼도 없어서 못 먹었습니다. 술찌끼를 솥에 넣어 끓인 다음 당원이나 사카린을 뿌리면 달착지근하고 뜨끈해서 먹을 만했습니다.

그런데 학교에 가면 문제가 생깁니다. 막걸리는 이뇨제인데 준막걸리 정도 되는 술찌끼를 먹었으니 금세 소변이 마려워지기 때문입니다. 간신히 종 치기만을 기다렸다가 너나없이 화장실로 직행합니다. 이렇게 아침에 술찌끼를 먹고 등교하는 아이가 비단 저만이 아니었다는 말이지요.

그 시절에는 미군들이 먹다 남긴 짬밥 찌꺼기를 모아다가 끓여서 드럼통에 넣고 팔러 다니는 사람도 있었습니다.

"꿀꿀이죽 사려, 꿀꿀이죽 사려!"

하지만 그것도 돈이 있어야 먹을 수 있습니다. 꿀꿀이죽이라도 사먹게 되는 날은 땡잡는 날이지요. 다들 얼마나 가난한 시절입니까? 수고와 고통 가운데서 죽지 못해 산 것은 야베스에 못지않았습니다.

수업료 제때 못 낸 죄

소사에서 김 선생님을 만나 공짜로 과외를 받아가며 공부했던 일은 잊을 수가 없습니다. 14대 1이라는 어마어마한 경쟁을 뚫고 저는 어렵게 서울사대부속중학교에 들어갔습니다. 하지만 문제는 첩첩산중이었습니다. 소사에서 서울까지 해결되지 않는 교통비와 수업료 때문이었습니다. 어느 날, 담임선생님이 저를 불렀습니다.

"김인중, 나와! 너, 수업료 언제 낼 예정이냐?"

그 당시 국립사범대학 부속중학교는 3개월 치 수업료가 8백 원이었습니다. 그런데 그 돈을 못 냈기 때문에 앞으로 불려나간 것입니다.

"나도 서무과에 보고해야 하기 때문에 그런다. 너, 도대체 언제 수업료를 낼 예정인지 말이라도 시원하게 해보아라. 이렇게 대책 없이 수업료를 안 내면 도대체 어떻게 하느냐?"

그러면서 절더러 집에 가서 돈 가져오라고 하시는 게 아닙니까? 저는 불려나간 채 그대로 서 있었습니다. 선생님도 들어가라는 말없이 빨리 집에 갔다오라는 소리뿐이었습니다. 하지만 집에 가봐야 별 뾰족한 수도 없었습니다. 저는 물끄러미 교실 바닥만 보고 서 있었습니다.

다행히 저뿐만이 아니었습니다. 하지만 둘이 같이 서 있는

데도 창피해서 얼굴을 들지 못할 정도였습니다. 수업시간이 바뀌어도 선생님들은 저희가 어떤 일로 나와 서 있는지 알기 때문에 들어가라는 소리를 하지 않았습니다. 하는 수 없이 저희는 서서 공부했습니다.

고통 중에 더해주신 복

'아, 인생살이가 왜 이리 힘이 드냐? 그냥 죽어버릴까?'
저는 문득문득 이런 생각에 시달렸습니다.

고등학교 때 역시 소사에서 통학을 했습니다. 학교가 있는 서울 효자동까지 가야 하는데 학원에서 중3 영어를 가르치면서 받는 돈 3천 원으로 수업료 내고, 교통비 하고, 집에 보리쌀, 밀가루 사다놓으면 돈이 모자랍니다. 고등학교에 다니면서 아르바이트까지 했지만 버스비를 아껴야 살 수 있는 형편이고 보니 저는 서울역에서 내려 효자동까지 뛰어갔습니다. 돈 25원을 아끼기 위해서.

저는 지금도 그 광경이 눈에 선합니다. 서울역에 7시에 도착한 제가 7시 25분까지 학교에 닿기 위해 연천교를 건너고 배재고등학교, 경기여고 앞으로 해서 배화여고, 진명여고 앞을 지나 효자동 경복고등학교까지 25분 만에 뛰어가는 겁니다.

제가 왜 몸이 가벼운지 아십니까? 그렇게 뛰어다녀서 그렇습니다. "고난당한 것이 내게 유익이라"(시 119:71)라는 말씀대로 어려서부터 신문 돌리고, 등교하려고 뛰어다니면서 제 다리가 이렇게 튼튼해졌다고 생각하면 저는 너무나 감사합니다. 그것은 100만 불보다 더 값진 건강을 주신 축복의 기회였다고 믿습니다.

지금 고생스럽다고 너무 걱정하지 마십시오. 사람들은 마음속에 늘 이런 고민을 가지고 있습니다.

'하나님! 저 교회 다닌다고, 성가대도 하고 주일학교 교사도 하고 할 건 다 하고 있습니다. 그런데 문제는 믿어지지 않는 것입니다. 하나님, 정말 계십니까?'

저 역시 이상호라는 친구 덕에 교회에 발을 디딘 이후 꾸준히 교회에 나갔습니다. 그 당시 저희 집 형편이야 무엇 하나 나아지는 것이 없는데, 교회만 가면 '좋으신 하나님, 좋으신 하나님'이라는 소리 일색입니다.

'그러면 왜 저희 집에는 좋아지는 것 하나 없습니까? 하나님이 계시면 저희는 왜 이 모양입니까!'

제 마음 한편에는 이런 원망이 쌓여갔습니다. 그렇지만 희한한 일은 절망과 좌절감이 밀려올 때 어느 날 말씀이 떠오른다는 것입니다.

"구하는 자에게 좋은 것으로 주시는 좋으신 하나님, 그렇다! 교회만 다니면 뭐든 좋은 것으로 주시는 것이 아니라 구해야 좋은 것을 주시는구나."

저는 기도의 서론, 본론, 결론도 잘 모릅니다. 무작정 "하나님! 저 내년에 꼭 좋은 학교에 들어가게 해주세요"라고 구하자 하나님은 때마침 좋은 고등학교에 가게 해주셨습니다. 대학에 떨어지고 양계장에서 숙식을 해결해가며 재수하던 시절에도 마찬가지였습니다. 주일과 수요일에 교회 가고, 금요일에 구역예배에 참석하는 재수생이 있다고 해서 유심히 살펴보던 담임목사님을 통해 재수하는 동안 새벽기도를 하게 하신 하나님의 뜻을 좇아 순종하고 기도하자 제가 원했던 대학에 합격하는 복도 누렸습니다.

야베스가 바로 그렇습니다. 고통 가운데서도 그는 복에 복을 더해달라고 기도했습니다. 넘치는 복을 달라고 기도했습니다. 에베소서 3장 20절 말씀처럼 "우리의 온갖 구하는 것이나 생각하는 것에 더 넘치도록 능히 하시는 분"이 바로 우리 하나님이십니다. 우리가 기도하면 우리가 생각했던 것보다 더 넘치는 복을 주시며 기뻐하는 분이십니다. 구하는 자에게 좋은 것으로 주시는 좋으신 아버지, 야베스의 하나님이 나의 하나님이심을 믿고 복을 구하며 기도하시기 바랍니다.

복에는 영적인 복, 성령 충만, 건강의 복 등 많은 종류의 복이 있습니다. 말씀이 영혼의 양식이라면 돈은 육신의 양식입니다. 영혼의 양식뿐만 아니라 빚지지 않으며 남에게 베풀 수 있을 만한 물질의 복도 믿음으로 구하십시오. 하나님의 풍성한 복을 체험하게 되기 바랍니다.

지경을 넓히는 기도

야베스의 두 번째 기도입니다. 야베스는 "나의 지경을 넓히시고"라고 기도했습니다. 야베스는 그 자리에서 밥 먹고 살다 죽으려는 인생이 아니었습니다. 그는 자신의 지경을 넓혀달라고 하나님께 기도했습니다. 지경이라는 말은 '경계선'이라는 뜻입니다. 가나안 땅을 차지한 이스라엘 백성의 열두 지파에게는 각각 "이것이 너의 기업이다, 이것이 너의 농토다"라는 경계가 정해졌습니다. 그런데 야베스는 그 경계선을 넓혀달라고 기도하고 있습니다. 그는 축복의 경계를 넓혀주시고 영향력을 넓혀달라고 구했습니다.

그럼 지금 우리는 어떻게 기도하고 있습니까? 내 가족만 먹여 살리는 사람이 되지 마십시오. 우리 가운데 이 사회에 기여할 수 있는 부자도 나오게 되기 바랍니다. 청소년들에게 꿈을 심어주고 모범을 보여줄 수 있는 교수, 의사, 발명가가 나오게 되기 바랍니다. 경제, 정치, 사회, 문화, 예술, 선교, 각계각층에서 선한 영향력을 끼치며, 경계를 넓혀나갈 이 시대의 빛과 소금이 더 많이 배출되기를 바랍니다.

"그 작은 자가 천을 이루겠고 그 약한 자가 강국을 이룰 것이라 때가 되면 나 여호와가 속히 이루리라"(사 60:22).

1천 명을 거느리는 사장도 나오고, 1천 명의 제자를 양성하는 순장도 나오게 되기 바랍니다. 1천 명의 인재를 길러내는 거물급 교수가 나오게 되기를 바랍니다. 수많은 개척교회를 일으킬 수 있는 선교사들도 나오게 되기 바랍니다. 그렇게 되기 위해서 우리는 하나님께서 우리의 지경을 넓히시며 영향력을 넓혀주시기를 간구해야 합니다.

비전의 전염

저도 하나님 앞에서 기도했습니다.

"하나님, 하나님께서 허락하신다면 학교를 세워서 저처럼 공부하고 싶은데 돈이 없어서 공부 못하는 학생들이 마음껏 공부하도록 지원하고 싶습니다. 좋은 선생님을 모셔다가 열심히 배울 수 있도록 지원하고 싶습니다. 돈 때문에 학교에서 쫓겨나가는 일이 없도록 지도하고 싶습니다. 제 앞길을 열어주십시오. 제게 복을 주시면 약속대로 학교를 세워서 학생들을 공부시키겠습니다."

저는 하나님께 기도한 대로 서울대학교 사범대학에 합격했습니다. 하나님은 다시 저를 목사가 되게 하셨습니다. 이제 제가 목사가 되었으니 교회를 부흥시켜주시면 학교를 세우겠다고 다시 한 번 다짐했습니다. 그래서 결국 안산에 동산고등학교를 설립하게 되었습니다. 하나님을 경외할 줄 모르는 세상에 하나님을 공경하고 어른과 상사와 실력 있는 사람을 공경할 줄 아는 인재, 부족한 사람을 도와주고 덮어주며 선한 영향력을 끼칠 수 있는 인재를 양성하리라 작정했습니다. 기독교 교육의 모델로서, 하나님의 창조와 주권을 인정하는 가운데 학문을 가르치고 배우며, 그 가운데 승리하며 실력을 키워나가는 인재를 양성하리라 다짐했습니다. 말만 앞세우는 것이 아니라 책임질 줄 알고 봉사할 줄 아는 시민을 길러내겠사오니 우리 교회를 부흥시켜달라고 기도했습니다.

개척할 당시부터 지속적으로 기도한 결과, 지난 '95년도에 1기 입학생을 선발했답니다. 우여곡절 끝에 수십 억 원의 빚을 져가면서 학교를 개교하기에 이르렀지요. 개교는 했지만 비평준화 지역인지라 지원하고 시험을 치러야 입학이 가능했습니다. 동산교회라는 조그만 교회가 설립한 신생학교에 어느 학부형이 자기 자녀를 보내겠습니까? 잘못하다가는 미달되는 사태가 벌어지기 십상이지요.

저는 다시 하나님께 기도했습니다. 기도제목은 두 가지였습니다.

"첫째, 미달되지 않게 도와주세요. 둘째, 좋은 선생님, 실력 있는 선생님을 보내주세요."

한번은 제가 선생님을 모집하기 위해 서울대학교 사범대학 영문과에 찾아갔습니다.

"나는 목사인데 안산에 동산고등학교를 설립하려 하고 있습니다. 저희 학교에 지원해주셨으면 좋겠습니다."

하지만 돌아오는 소리는 한결같이 "미쳤다고 그런 학교에 갑니까? 그런 시골학교에 왜 갑니까?"라는 반응뿐이었습니다. 저는 속으로 다짐했습니다.

'두고 보십시다. 앞으로 우리 학교에 오겠다고 아무리 백을 써도 받아주지 않을 것입니다.'

저는 다시 하나님께 매달려 기도했습니다.

"저렇게 교만한 사람들의 콧대를 꺾을 수 있도록 우리 학교에 복에 복을 더해주시고 지경을 넓혀주셔서 전국에 소문난 학교가 되게 해주십시오. 영향력 있는 학교가 되게 해주세요."

기도하면서 학교를 세우고 선생님도 뽑았습니다. 1차로 25명을 뽑았습니다. 하나님은 교장선생님을 비롯해서 예수 잘 믿는 분들로만 25명을 주셨습니다. 그런 선생님들께 제가 드린 말은 이것뿐이었습니다.

"나는 동산고등학교 이사장 김인중 목사입니다. 지금은 학교도 작고 선배도 없어서 시시해 보이지만 동산고등학교는 모름지기 기독교 인재를 길러내려 하는 학교입니다. 우리는 하나님을 경외하고 이웃을 사랑하는 사람다운 사람을 길러낼 것입니다. 성실하게 대안을 제시하며 봉사하는 시민을 길러내어 한국을 살리고 세계를 살릴 것입니다. 영국의 이튼스쿨에 버금가는 훌륭한 학교를 만들어보고 싶습니다. 함께해 주시겠습니까?"

이 말 한마디에 선생님들은 학교에 와보지도 않고 선뜻 응해주었습니다. 성령이 역사하시면 비전을 가진 사람을 만난 사람들이 그 비전에 심취하여 동참하게 됩니다.

이제는 학생을 모집하는 일만 남았습니다. 저희는 급히 입학원서를 배부했습니다.

개교 3년 만의 개가

저희 교회 부목사님이 어느 교우의 집에 심방을 갔습니

다. 그 가정에는 모 중학교에서 1, 2등 하는 여학생이 살고 있었는데 학교에서는 그 학생을 경기과학고에 보내려 한다는 것입니다. 왜냐하면 과학고에 몇 명을 보내느냐로 그 학교의 명성이 좌우되기 때문이지요. 하지만 그 어머니는 동산교회 집사님으로 자녀를 동산고등학교에 보내고 싶은 소망을 가지고 있었습니다. 급기야 학교 선생님이 화를 내면서 이제 막 생겨서 선배도 없고, 예수쟁이들만 모여 있는 학교에 아이를 보내서 무엇을 어쩌겠다는 것이냐고 닦달을 하더랍니다. 그 위세에 그만 어머니도 조금은 불안해졌던 것이지요.

마침 부목사가 심방을 오자 그 집사님이 목사님에게 물었습니다.

"김인중 목사님이 동산고등학교는 앞으로 역사를 바꾸는 학교가 될 거라고 말씀하셨는데, 이번에 좋은 선생님들이 많이 오셨는지요?"

"이런 시골학교에 뭐 그리 좋은 선생님이 오겠습니까?"

그때는 선생님을 뽑고 있던 중이라 어떤 선생님들이 오실지 발표조차 하지 않고 있었습니다. 그런데 부목사님이라는 분까지 이런 망발을 했다지 뭡니까?

그러나 3년 뒤에 어떤 일이 일어났는지 아셔야 합니다. 첫

해에도 다행히 미달은 되지 않았습니다. 1기로 624명을 뽑았는데 커트라인이 200점 만점에 106점이었습니다. 200점 만점에 106점이라는 것은 환산하면 평균 53점이라는 말입니다. 절반 이상이 낙제라는 말이지요. 평균 80점을 넘는 학생은 고작 16명밖에 없었습니다. 주위에서는 다들 고소하다, 똥통학교가 틀림없다, 가지 말라고 했는데 간 녀석들 꼴좋다며 말들이 많았습니다.

하지만 그후로 3년 뒤, 하나님은 동산고등학교에 복에 복을 주셨고 지경을 넓혀주셨습니다. 전국에 소문난 학교가 되게 해달라고 기도했는데 3년이라는 시간도 필요하지 않았습니다. 첫해 평균 53점으로 들어온 아이들을 25명의 선생님이 가르쳤습니다. 이듬해에는 50명의 선생님이, 그 다음 해에는 75명의 선생님이 가르쳤고 첫 번째 입학시험인 수학능력고사를 보게 되자 곧 결과가 나타났습니다.

1기 졸업생 중 한 학생이 서울대학교 의과대학 의예과에, 건축설계사가 되겠다고 한 학생이 서울대학교 공과대학 건축공학과에 합격했습니다. 그밖에도 1기 졸업생 중 서울대학교에 5명이나 합격했습니다. 더욱이 5기 졸업식에는 각 방송사에서 저희 졸업식 장면을 찍어다가 방송했습니다. 올해에도 서울대학교 22명, 각 의과대학 의예과에 7명이나 합격했고, 연세대학교 51명, 고려대학교 62명, 이화여자대학교 27명, 서강대학교 5명, 한양대학교 98명, 육사, 공사를 비롯해서 간호사관학교에 4명 그밖에도 400명에 가까운 학생들이 유수의 대학교에 진학했습니다. 또한 전체 학생의 십의 일조는 선교사나 목사가 되겠다면서 신학대학에 진학하기도 했습니다.

어느 날 학교로 한 학생의 아버지가 찾아왔습니다.

"용서해주십시오. 잘못했습니다."

"뭘요?"

"제 아들이 저에게 야단을 맞고 집을 나가 일주일째 집에 들어오지 않고 있습니다. 부디 아들아이를 퇴학만 시키지 말아주십시오. 제가 꼭 찾아오겠습니다."

이 말을 들은 교장선생님이 당황해서 그 학생의 담임선생님을 불렀습니다.

"아무개의 아버님이 그러시는데 학생이 집을 나가 일주일째 안 들어온다고, 단 며칠만 기다려달라는데 담임선생님은 이 사실을 알고 있습니까?"

그러자 담임선생님이 대답했습니다.

"그 학생, 학교에 잘 나오고 있는데요."

그렇습니다. 일주일째 집에 안 들어가도 학교는 한 번도 빠지지 않는 아이, 부모님 때문에 상처받았더라도 선생님이 좋아서 학교에 반드시 가는 아이들이 다니는 학교가 바로 안산동산고등학교입니다.

안산에서 역사하시는 하나님, 김인중이라는 이 미련한 사람을 통해 역사하시고, 동산교회 교인들을 존귀하게 쓰시는 하나님, 동산고등학교의 학생들을 존귀하게 쓰시는 하나님을 찬양합니다.

하나님께 복에 복을 더하여주시고 지경을 넓혀주시기를 구하자 하나님은 안산의 한복판에서 이렇게 큰 역사를 이루어주셨습니다. 이런 기적의 하나님이 당신의 삶에서도 기적을 일으켜주실 것입니다.

환난을 면하고 복을 구하는 기도

야베스가 구한 세 번째 기도는 무엇입니까? 야베스는 하나님께 환난을 벗어나 근심이 없게 해달라고 기도했습니다. 주의 손으로 도우사 환난을 면케 하시고 불같은 시험을 이기게 해달라고 구했습니다.

아무리 고통스러워도 이렇게 기도하자 하나님은 그가 구한 대로 다 허락해주셨습니다. 비록 고통 가운데 있었지만 기도했을 때 복에 복을 받아 존귀한 자가 되었습니다. 영향력을 미치는 사람이 되었습니다. 하나님께 구하는 대로 다 허락받아 환난을 이긴 야베스처럼 하늘의 복을 체험하는 삶이 되기를 바랍니다.

Never Give Up!

■ 시련은 있으나 좌절은 없다!

- 게으른 자에게 하나님께서 주실 복은 없다.
- 현재의 자리에 만족하지 말고 구하고, 찾고, 문을 두드리라.

"구하라 그러면 너희에게 주실 것이요 찾으라 그러면 찾을 것이요 문을 두드리라 그러면 너희에게 열릴 것이니"(마 7:7).

09 사랑의 불을 확산하는 능력인생

불붙는 삶의 능력과 성령의 불, 사랑의 불을 소유하고 있는 사람은, 말이나 표정으로, 사업장이나 가정에서, 또한 아내와 남편에게, 이웃과 교인들에게 그 사랑의 불을 붙여주고 나누어주는 능력인생이 됩니다.

보는 것만으로도 용기를 주는 사람

보기만 해도 용기를 주고 힘을 주고 꿈을 주는 사람이 있는가 하면 그 사람만 보면 밥맛이 달아나는 사람도 있습니다.

이런 평가를 받는 사람이 되어야 할 것입니다.

"당신은 보면 볼수록 밥맛이 납니다."

"보면 볼수록 엔도르핀이 나오고 기분이 좋습니다."

우리는 다른 사람의 마음에 기쁨을 주는 사람이 되어야 합니다. 자기 얼굴은 자기가 책임져야 합니다. 심령이 기쁘고 그 영혼이 기쁘면 얼굴이 윤택해집니다. 내 영혼 속에 예수 그리스도를 모시고 살고 성령의 불붙는 능력을 받으면 어두운 얼굴이 밝아지리라 믿습니다. 저는 스물다섯 살 때까지는 좀처럼 말이 없고 얼굴이 아주 어두웠습니다. 세살 때 어머니가 돌아가시고 11남매 중 여섯이 죽고, 아버지도 술과 노름으로 살다가 폐결핵으로 돌아가셨습니다. 다른 사람들이 보면 사람 되기 어렵겠다고 할 만큼 우울한 집안 분위기가 저를 압도했습니다.

하지만 어느 날 입이 열렸습니다. CCC에서 예수님을 만나 스물다섯 살에 진정한 하나님의 아들이 되었기 때문입니다. 비록 우리가 서로 김 씨, 박 씨라고 부르지만 '하나님'을 믿으면 다 '하' 씨가 됩니다. 겉보기에 작고 초라해 보입니까? 그러나 마음속에 불타는 삶의 능력이 있는 사람은 다른 사람이 그를 보기만 해도 기운이 납니다. 반대로 허우대는 멀쩡해 보여도 가슴 속 불이 식어지면 보는 사람에게 근심을 안겨주는 사람이 됩니다. 불타는 삶의 능력을 가슴속에 간직하여 말과 표정과 삶과 실력과 일로 다른 사람에게 불타는 능력을 전하시기 바랍니다.

정직한 자의 소그룹

"할렐루야, 내가 정직한 자의 회(會)와 공회 중에서 전심으로 여호와께 감사하리로다 여호와의 행사가 크시니 이를 즐거워하는 자가 다 연구하는도다 그 행사가 존귀하고 엄위하며 그 의(義)가 영원히 있도다 그 기이한 일을 사람으로 기억케 하셨으니 여호와는 은혜로우시고 자비하시도다 여호와께서 자기를 경외하는 자에게 양식을 주시며 그 언약을 영원히 기억하시리로다 저가 자기 백성에게 열방을 기업으로 주사 그 행사의 능을 저희에게 보이셨도다 그 손의 행사는 진실과 공의며 그 법도는 다 확실하니 영원 무궁히 정하신 바요 진실과 정의로 행하신 바로다 여호와께서 그 백성에게 구속을 베푸시며 그 언약을 영원히 세우셨으니 그 이름이 거룩하고 지존하시도다 여호와를 경외함이 곧 지혜의 근본이라 그 계명을 지키는 자는 다 좋은 지각이 있나니 여호와를 찬송함이 영원히 있으리로다"(시 111:1-10).

시편 111편 1절에 나오는 '정직한 자의 회' 란 번역하면 '소그룹 모임'을 가리키는 말이며 '공회'는 대예배, 즉 대그룹 모임을 가리키는 말입니다. 건강한 교회, 건강한 신자에게는 정직하게 마음을 터놓고 가슴에 있는 상처와 아픔, 기쁨까지 모두 털어놓을 수 있는 모임, 함께 기뻐하고, 함께 아파할 수 있는 그런 정직한 소그룹이 필요합니다.

우리는 그리스도의 몸입니다. 우리는 한 하나님 아버지를 믿는 하 씨 성 가진 사람들입니다. 가슴을 터놓고 정직하게 자신의 약점과 연약함을 고백하고 회개한 다음 그 부족함을 채워달라고 공동체에 요구하고 함께 기도한다면 살아날 수 있습니다. "저는 약합니다. 저를 위해 기도해주세요"라는 한 마디에 정직한 공동체가 다락방에 모여 손잡고 기도할 때 성령의 불이 임하리라 믿습니다. 병이 낫고 가정의 상처가 치유되며 떠나간 남편이 돌아오는 기적이 일어날 것을 믿습니다.

어느 날, 부부 집사님이 저를 찾아와서 대뜸 "목사님, 이 여자하고는 도저히 못 살겠습니다"라고 하는데 부인은 여전도회장님에 남편은 안수집사라면 어떻게 하시겠습니까? 더욱이 저더러 이혼할 때 증인이 되어달라고 하는데 저는 기가 막혔습니다. 또 성경 어디에도 "이혼하라"는 말은 없었습니다. 그래서 "함께 기도합시다!"라고 말하고 간절히 기도했더니 조금 전까지만 해도 이혼의 증인이 되어달라고 펄펄 뛰던 사람이 울고 일어나 지금까지 아들 딸 낳고 화목하게 잘 살고 있습니다.

참으로 부요하게 되는 길

예수가 오신 목적은 무엇입니까? 우리를 죄에서 건져 하나님의 자녀로 삼아주시기 위해서입니까? 천국에 보내주시기 위해, 구원해주시기 위해서입니까? 단지 그 목적만은 아닙니다. 물론 그것이 최고로 중요한 목적이기는 합니다. 그러나 예수님은 내세적이고 미래적인 목적만을 위해 오신 것이 아닙니다.

"우리 주 예수 그리스도의 은혜를 너희가 알거니와 부요하신 자로서 너희를 위하여 가난하게 되심은 그의 가난함을 인하여 너희로 부요케 하려 하심이니라"(고후 8:9).

예수께서 세상에 오실 때는 재벌회장으로, 왕으로, 장군으로 오지 않으셨습니다. 가난한 목수의 아들로 말구유에서 나셨습니다. "우리 주 예수 그리스도의 은혜를 너희가 알거니와 부요하신 자로서 너희를 위하여 가난하게 되심은 그의 가난함을 인하여 너희로 부요케 하려 하심이니라"(고후 8:9)라는 말씀을 깨닫자 제 인생이 변화되었고 저희 교인들의 인생이 변화되었습니다.

이제부터라도 팔자타령하지 마십시오. 운명타령하지 마세요! "팔자가 사나워서", "가난한 팔자라서", "이렇게 살 팔자라서"라고 말씀하지 마십시오. 결코 아닙니다. 예수님은 우리의 영과 육과 삶에 부요함을 주시기 위해 오셨습니다. 가난한 팔자, 지옥 갈 팔자도 천국시민의 팔자로 고쳐주시기 위해 오신 구원자요, 창조자요, 변화의 주인공임을 믿으시기 바랍니다.

단, 팔자가 바뀌고 가난한 사람이 부유한 사람으로, 불신자가 신자로, 불화하고 다투던 사람이 희망의 사람, 용기의 사람, 불타는 사람, 불붙는 사람으로 바뀌었을 때 혼자서 좋아하지 마시기 바랍니다. 자기만 부요를 누리면 안 됩니다. 고린도후서 9장 8절은 팔자가 바뀐 사람의 사정을 잘 보여주고 있습니다.

"하나님이 능히 모든 은혜를 너희에게 넘치게 하시나니 이는 너희로 모든 일에 항상 모든 것이 넉넉하여 모든 착한 일을 넘치게 하게 하려 하심이라"(고후 9:8).

쉽게 번역하면 이런 말입니다. 하나님이 너희에게 모든 것을 풍성히 주시는 것은 혼자서 잘 먹고 잘 살다가 가라는 뜻이 아니라 모든 착한 일을 넘치게 하게 하려 하신다는 말입니다. 아내에게, 남편에게 착한 일을 하십시오. 우리의 이웃에게 착한 일을 하십시오. 독생자를 주신 하나님, 십자가에서 피를 다 쏟아주신 예수님, 비록 피나 목숨을 주지는 못해도 한번 줘보면 '주는 사람'은 분명히 '주는 기쁨'을 체험하게 되리라 믿습니다. 주는 것이 받는 것보다 더 복이 있다 하신 말씀을 꼭 기억하기 바랍니다.

사랑을 주고 기도하면 놀라운 역사가 일어납니다. 초대교회는 모든 물건을 서로 통용하는 교회였습니다. 자칫 잃어버리기 전에, 불타버리기 전에 필요한 사람과 물건을 통용하고 또 재산과 소유를 팔아 필요한 사람에게 나누어줄 때 놀라운 역사가 일어납니다. 사랑은 주는 것입니다. 또한 주는 것이 받는 것보다 더 복이 있습니다.

쓰레기통 속에서도 장미는 핀다

저도 다른 사람들처럼 인생의 쓰레기통 속에서 적당히 산 사람입니다. 스물다섯 살이 되기 전에는 도둑질도 예사에, 술도 잘 먹고, 유행가도 잘 불렀습니다.

변화되기 전에는 제 안에 분노도 많았습니다. 지지리 가난했고 사는 게 너무 힘이 드니까요. 학교 다니는 일도 어렵고, 부모님의 무책임한 수수방관에 화도 났습니다. 형제들은 죄다 뿔뿔이 흩어져 혼자 인생을 개척해나가야 한다는 사실이 너무나 고달프게 느껴졌습니다.

그러다보니 현실 도피적인 상상을 많이 하게 되었습니다. '어차피 한 번 살다 죽을 인생인데 화끈하게 살다 죽지, 돈도 없고 백도 없으니 갱단이나 만들어볼까? 자살권장협회를 만들어보는 것은 어떨까?'

제 머릿속에는 별의별 생각이 다 떠올랐다가 사라지곤 했습니다.

스물다섯 살이 되던 해, 내가 죄인이라는 것을 깨달았고, 타도 타도 꺼지지 않는 태양을 만드신 하나님께서 내 인생에도 꺼지지 않는 불씨, 불타는 행복과 기쁨을 주시리라 믿게 되자 저에게도 희망이라는 것이 생겨났습니다. 성경을 읽으면 성경말씀이 눈에 들어옵니다. 구하는 자에게 좋은 것으로 주시는 좋으신 하나님, 성령을 주시는 하나님, 능력을 주시는 하나님, 행복을 주시는 하나님, 팔자도 고쳐주시는 하나님을 깨달아 알게 되었습니다.

"우리 주 예수 그리스도의 은혜를 너희가 알거니와 부요하신 자로서 너희를 위하여 가난하게 되심은 그의 가난함을 인하여 너희로 부요케 하려 하심이니라"(고후 8:9)라는 말씀을 깨닫고 나자 저희 교회를 부흥시켜주시고 부요케 해주시면 학교를 세워서 기독교 인재를 양성하겠다고 약속했습니다. 사람다운 사람, 하나님을 경외하고, 이웃을 사랑하는 실력 있는 기독교 인재를 배출하겠다고 결심했습니다. 실력이 있어야 다른 사람을 가르치고 실력이 있어야 돈을 벌어서 남에게 줄 수 있습니다.

행함이 없으면 아무 유익도 없다고 했습니다. 행해야 복이 옵니다. 주는 것이 받는 것보다 더 복이 있는 것처럼 말입니다. 하나님의 불타는 사랑을 어떻게 측량할 수 있겠습니까?

하나님은 왜 아들을 주셨습니까?

"자기 아들을 아끼지 아니하시고 우리 모든 사람을 위하여 내어주신 이가 어찌 그 아들과 함께 모든 것을 우리에게 은사로 주지 아니하시겠느뇨"(롬 8:32).

불타는 사랑으로 우리에게 아들까지 내어주신 하나님이 무엇인들 우리에게 아끼시겠습니까? 혹여 먹을 것, 마실 것, 입을 것을 안 줄까봐 인상 쓰고 고민하지 마시기 바랍니다.

위대한 일 행하시는 하나님을 믿는 그대

우리 주위에는 생각만 해도 기쁘고 용기가 솟고 가슴이 뜨거워지게 하는 사람이 있는가 하면 보기만 해도 냉수를 끼얹는 것 같은 사람이 있습니다. 불붙는 삶의 능력과 성령의 불, 사랑의 불을 소유하고 있는 당신은, 말이나 표정으로, 사업장이나 가정에서, 또한 아내와 남편에게, 이웃과 교인들에게 그 사랑의 불을 붙여주고 나누어주는 능력을 발휘하게 되기를 바랍니다.

그러면 하나님은 어떤 사람에게 그런 불붙는 삶의 능력을 주십니까? 시편 111편에서는 세 가지로 말씀하고 있습니다.

첫째, 하나님은 위대한 일을 행하시는 분입니다. 이 사실을 믿는 사람에게 하나님은 불붙는 삶의 능력을 부어주십니다.

공중에 나는 새 한 마리도 하나님의 허락 없이 우연히 떨어지는 법이 없습니다. 하나님께서 이 자리까지 인도하신 데는 분명히 하나님의 위대한 계획이 있다는 것을 믿으시기 바랍니다. 그 하나님은 감당치 못할 시험 당함을 허락지 아니하시고 시험 당할 즈음에 피할 길도 내시는 하나님입니다.

요셉에게도, 다윗에게도, 수치와 위협이 뒤따랐고, 베드로와 바울, 실라 역시 고초를 겪었습니다. 심지어 하나님의 아들 예수님은 "귀신의 대장이다", "먹기를 탐하는 자다"라는 등 온갖 모욕과 천대를 받았습니다. 우리도 마찬가지입니다. 그러면 어떤 사람이 그런 오해를 극복할 수 있습니까? 수많은 시험이 도사리고 있는 세상에서 불타는 삶의 능력을 발휘하여 사람들에게 기쁨을 주고 소망을 주고 영생을 주고 삶에 용기를 주는 사람은 어떤 사람입니까? 하나님이 하시는 일은 모두 다 위대하다고 믿으며 기대하고 사모하는 사람입니다.

"여호와의 행사가 크시니 이를 즐거워하는 자가 다 연구하는도다"(시 111:2).

이 말씀은 직접 성경을 연구하도록 한다는 것입니다. 성경을 연구하면 할수록 하나님께서 큰일 행하셨음을 깨닫게 됩니다. 아브라함도 고향, 친척을 떠날 때는 두려웠습니다. 그러나 아브라함은 하늘의 뭇 별들처럼, 네 자손이 많게 되며 복의 근원이 되게 해주시겠다는 하나님의 말씀을 좇아갔습니다. 그러나 아브라함은 죽임을 당할까 두려워하여 아내를 누이라고 속이기도 하고 이스마엘이라는 서자를 낳기도 했습니다. 하지만 결국 말씀을 따라갔고 하나님의 말씀에 순종한 결과 위대한 믿음의 조상, 복의 근원이 된 것을 믿으시기 바랍니다.

우리에게 과거의 실수가 있고, 약점이 있고, 허물이 있다 할지라도 말씀을 듣고 말씀을 연구하며 말씀을 따라간다면 아브라함처럼 복의 근원이요, 믿음의 조상으로 하나님께 위대하게 쓰임 받을 수 있습니다.

밧세바를 범하고 만 다윗은 자신의 죄를 은폐하기 위해 우리아까지 죽이고 말았습니다. 하지만 선지자 나단의 책망 앞에 밤마다 침상을 적실 정도로 회개했을 때, 하나님은 살인자요 간음자인 다윗을 이스라엘의 가장 위대한 왕으로 쓰셨습니다. 하나님께는 사람을 변화시켜 쓰시는 위대한 능력이 있습니다.

우리의 과거가 어떻든 하나님은 그것을 중요하게 여기지 않으십니다. 지금부터라도 목사님의 설교를 하나님께서 내게 보낸 나단 선지자의 음성으로 듣고 그 말씀 앞에 정직하게 회개하십시오. 정직하게 하나님께 도우심을 구하십시오.

우리를 위대하게 쓰시기 위해 이 자리까지 부르셨다는 것을 믿으시기 바랍니다.

그런 점에서 보면 저 역시 제 과거가 부끄럽지 않습니다. 왜 그렇습니까? "예전 것은 지나갔으니 보라 새것이 되었도다"라는 말씀처럼 나 같은 사람을 변화시켜서 쓰고자 하시는 하나님께서 우리를 변화시켜 쓰시리라 믿기 때문입니다.

하나님이 하시는 일은 모두 의롭다 믿는 그대

하나님은 어떤 사람에게 그렇게 불타는 능력을 주십니까? 하나님이 하시는 모든 일이 위대하며 의롭다는 것을 믿는 사람에게 주십니다. 하나님이 하시는 모든 일은 위대할 뿐더러 전부 다 의롭습니다.

"그 행사가 존귀하고 엄위하며 그 의가 영원히 있도다"(시 111:3).

그러면 의란 무엇입니까? 선은 칭찬하고 축복해주며, 악은 참고 기다리되 끝까지 회개하지 않으면 어느 날 심판해버리는 것이 바로 의입니다. 우리도 서로 무시할 때가 있습니다. 부부끼리라도, 목자와 양떼 사이에도, 사람들 사이에서는 내가 불의한 일을 당할 때가 있고, 나도 남에게 불의를 행할 때가 있습니다. 억울한 일, 월급 제대로 못 받고, 돈 꿔줬다 못

받고, 애매한 소리나 듣고, 힘든 일을 당할 때, 우리 가슴은 식기 쉽습니다.

하나님은 어떤 사람에게 불타는 삶의 능력을 주시어 그를 한층 성숙한 사람으로 변화시켜주십니까? 하나님은 영원히 공의로운 분이라는 것을 믿는 사람입니다. 선악 간에 하나님이 판단해주신다는 것을 믿는 사람입니다. 내가 얼마나 억울한 일을 당했는지 아시는 하나님, 저 사람이 내 돈 떼어먹고 내 인생을 망쳐놓고 큰소리치며 살고 있지만 그를 불쌍히 여겨주시기를 비는 사람입니다. 악을 악으로 갚지 마십시오. 악한 사람을 누가 용납하고 포용할 수 있겠습니까? 더욱이 우리에게는 심판할 필요도, 심판할 권리도 없습니다. 심판하는 권세는 오직 하나님께 있습니다. 하나님은 재판과 심판에 일점이라도 오류가 없으십니다. 하나님께서 악하고 못되게 살아온 사람, 회개치 않는 사람을 반드시 심판하신다는 사실을 믿는 사람은 도리어 그를 불쌍히 여기는 마음이 끓어오릅니다. 용서하며 불쌍히 여깁니다. 저주하는 것이 아니라 잘되게 해달라고 기도할 것입니다.

절대로 싸우지 마십시오. 하나님의 심판이 있으니 다만 불쌍히 여기시기 바랍니다. 남편과 아내, 가족, 이웃, 심지어 목자와 양떼 사이에 원수 갚지 마시기 바랍니다. 악을 악으로 갚지 말고 선으로 악을 이기라, 축복을 빌라고 말씀하신 것처럼 우리는 다만 하나님의 심판이 있다는 것을 알고 불의하고 미련한 이들을 용서해야 합니다.

그리스도 안에서 새로운 피조물 된 그대에게

하나님은 어떤 사람에게 불타는 삶의 능력을 주십니까?

"그 기이한 일을 사람으로 기억케 하셨으니 여호와는 은혜로우시고 자비하시도다"(시 111:4).

저 같은 사람을 전도자로 변화시켜서 말씀을 전할 수 있는 특권을 주신 하나님을 저조차 이해할 수 없습니다. 저처럼 쓰레기통의 굼벵이같이 살아온 인생에게 이런 특권을 주시다니요?

누나는 보살인데다가 큰형이 두 번이나 이혼한 집안의 막내가 바로 저입니다. 도둑질에, 술에, 노름에 빠져 사는 인생에게 죄의 용서와 십자가의 뜨거운 사랑을 심어주시고 부활의 능력, 승리의 믿음을 심어주신 주님을 믿으시기 바랍니다.

"이전 것은 지나갔으니 보라 새것이 되었도다"(고후 5:17).

너희의 죄가 주홍같이 붉을지라도 양털같이 눈같이 희게 해주시겠다는 그 하나님이 우리의 하나님이심을 믿고 과거를 숨기고 자책하지 마시기 바랍니다. 정직하게 하나님 앞에 회개하고 십자가 피로 용서받으십시오. 은혜의 하나님, 자비의 하나님, 넘치는 은혜 주시는 하나님의 복을 받아 누리시기 바랍니다. 인생의 쓰레기통에서 뒹굴던 저도 하나님의 은혜를 받아 누리는 삶을 살고 있습니다.

하나님은 당신을 사랑하십니다. 당신을 용서해주십니다. 하나님이 부어주시는 불붙는 삶의 능력으로 불타는 사랑이 넘치는 사람이 되시기 바랍니다.

Never Give Up!
■ 시련은 있으나 좌절은 없다!

- 신앙생활에 독불장군은 없다. 다른 지체들의 기도는 그리스도인의 필수 영양소이다.
- 하나님이 우리에게 풍성히 주시는 것은 다른 지체들과 나누도록 하기 위해서이다.

"만일 형제나 자매가 헐벗고 일용할 양식이 없는데 너희 중에 누구든지 그에게 이르되 평안히 가라, 더웁게 하라, 배부르게 하라 하며 그 몸에 쓸 것을 주지 아니하면 무슨 이익이 있으리요" (약 2:15,16).

10 승리를 체험하는 영광인생

과거를 청산한 사람에게 그 과거는 더 이상 부끄러운 것이 아닙니다. 다만 간증이 될 뿐입니다. 죄와 절망 속에 사는 사람들에게 용기와 희망을 주고 하나님께 영광을 돌리는 승리의 간증이 될 것입니다.

기이한 일을 주시는 하나님

40년간 원망과 한숨과 체념과 눈물 속에 죽지 못해 살아온 사람, 태어날 때부터 앉은뱅이인 그에게는 가족도 부모도 남아 있지 않았습니다. 돌봐주는 사람 하나 없었습니다. 다행히 그가 구걸할 수 있도록 사람들은 매일 그를 성전 미문(美門) 앞으로 메고 나왔습니다.

그런데 제9시 기도시간이 되었습니다. 9시라면 하루 중 마지막 기도시간으로 오후 3시입니다. 유태인들은 구약시대 때부터 아침기도, 점심기도, 저녁기도 하루에 세 차례씩 성전에 올라가 기도했는데 그 전통이 이어져 내려온 것입니다.

베드로와 요한 역시 제9시 기도시간에 성전에 올라갔습니다. 부지런히 성전으로 기도하러 올라가던 중 그들은 성전에 들어가는 사람들에게 구걸하는 그를 만났습니다. 물론 사도로서 그냥 지나칠 수 없었습니다. 하지만 그들에게는 가진 것이 없었습니다. 그런데 갑자기 "은과 금은 내게 없거니와 내게 있는 것으로 네게 주노니 곧 나사렛 예수 그리스도의 이름으로 걸으라 하고"(행 3:6) 그를 잡아 일으켰습니다.

그랬더니 40년 동안 태어나면서부터 앉은뱅이로 살았던 그가 성전으로 따라 들어가면서 걷기도 하고 뛰기도 하며 하나님을 찬미하는 것이 아닙니까? 오랜 세월 동안 자리에 앉아 구걸에 의지하여 살아온 그가 사도들과 함께 성전으로 따라 들어가 걷기도 하고 뛰기도 하면서 찬송하다니 사람들은 모두 놀랐습니다. 기적이 일어난 것입니다.

사도들이 "나사렛 예수 그리스도의 이름으로 걸으라"라고 명하자 앉은뱅이가 걷는 기적이 일어났습니다. 이를 본 수많은 사람들이 기이히 여기며 놀랐습니다. 하나님은 기이한 일을 주시는 분입니다.

이 시대의 영적 앉은뱅이

그렇다면 오늘 이 시대에도 하나님은 어제나 오늘이나 영원토록 변함이 없으시고 회전하는 그림자도 없으신 동일한 하나님이신 것을 믿습니까? 태양이 꺼지지 않는 것처럼, 태양이 동일하게 빛나는 것처럼 태양을 만드신 하나님은 과거나 현재나 미래에도 변함없이 동일하시다는 것을 믿으시기 바랍니다.

하나님이 동일하시다면 베드로와 요한이 성전 미문에서 구걸하던 앉은뱅이를 만났던 것처럼 오늘 우리 주위에는 연약한 형제가 있을 수 있습니다. 부모나 형제로부터 어떤 도움도 받지 못하는 이들, 의지할 배경도 없이 막일로 품팔이로 하루하루를 근근이 연명하는 사람들이 있을 수 있다는 말입니다. 게다가 병까지 들었다면 상황은 최악입니다.

이런 사람들에게는 수많은 교회도 희망이 되지 못합니다. 그들에게는 바라보이는 교회에 들어갈 시간도 없고, 힘도 없습니다. 교회에 갈 만한 믿음도 없습니다. 마치 태어나면서부터 앉은뱅이 된 자가 영적인 앉은뱅이가 되어 성전 안으로 들어갈 생각은 하지 못하고 미문에서 구걸하는 것과 마찬가지입니다. 요즘으로 말하자면 교회 근처에서 작은 노점을 하며, 마치 앉은뱅이처럼 사람들이 자신을 찾아와주기 바라는 것과 같습니다.

하나님의 집에 가면 거기 기적이 있다는 사실을 믿지 않는 사람들, 살길을 열어주신다는 사실을 믿지 않는 사람들, 오로지 돈만 구걸하는 사람들이 얼마나 많은지 모릅니다. 아름다운 교회를 보고도 그 안으로 편입되려 하기보다 그 자리에서 물건 파는 일에, 돈 버는 일에만 온통 신경 쓰는 이 시대의 영적인 앉은뱅이들이 아직까지 우리 주변에 많습니다.

앉을까? 설까?

문제는 선택입니다. 지금 이 순간에도 나가서 돈을 벌 수 있지만 이 자리에서 돈보다 더 중요한 것을 선택하는 것이지요. 하나님께서 나의 인생에 변화와 기적과 능력과 복을 주시면 나의 영적인 병, 육체의 병도 낫게 해주실 것을 믿어야 합니다. 돈을 구걸하며 살던 인생이 도리어 자신의 삶을 증거하며 나누어줄 수 있는 사람으로 변화되는 축복, 하나님이 나를 만나주시면 나도 하나님이 주시는 복을 받고 변화될 수 있다는 것을 믿어야 합니다.

사업과 생활 속의 장애물, 학업의 장애물, 인간관계에 존재하는 수많은 장애물이 있습니다. 특별히 앉은뱅이는 걸을 수 없는 장애, 제 힘으로 움직일 수 없는 장애, 자기 힘으로 벌어먹을 수 없는 장애를 안고 있었습니다. 그래도 그는 포기하지 않고 하나님을 믿는 사람들이 드나드는 성전 미문 가까이에 앉아 있다가 사도들을 만나 기적을 체험하게 되었습니다.

빌어먹던 인생에서 제 발로 걸으며 일해서 먹고살 수 있는 인생이 되었습니다. 더 나아가 베풀 수 있고 찬양하며 전도할 수 있는 사람으로 영육 간에 변화와 기적을 체험했습니다. 비록 문제의 종류는 다르더라도 자신의 힘으로 해결할 수 없는 문제를 안고 절망과 좌절 속에 있는 분들이 있다면 이 앉은뱅이처럼 예수 그리스도를 만나 변화되시기 바랍니다. 걷기도 하고 뛰기도 하는 기적을 체험하게 되기 바랍니다.

사모하는 영혼을 만족케 하시는 하나님

오늘 우리 주변에는 절망과 좌절 가운데 사는 사람이 많습니다. 그러면 우리는 어떻게 해야 기적을 체험하고 남에게도 기적을 보여줄 수 있습니까? 앉은뱅이가 일어났을 때 앉은뱅이만 기뻐했을까요? 베드로와 요한도 놀랐을 것입니다.

식물인간이 된 남편의 곁을 6년이나 지켜낸 부인의 기사가 실린 적이 있습니다. 부인은 신앙심이 깊은 사람이었습니다. 그런데 6년의 시간이 흐른 어느 날, 남편이 깨어나는 기적 같은 일이 벌어졌습니다. 더욱이 식물인간이 될 당시 믿지 않던 남편이 깨어나면서 한 말이 세간의 화제가 되었지요. 남편은 깨어나는 순간 "할렐루야!"라면서 깨어났다고 합니다.

"일어나리라 믿습니다. 할렐루야! 일어나리라 믿습니다.

할렐루야!"

부인은 하루도 빠짐없이 남편의 귀에 대고 이렇게 말했다고 합니다. 6년 동안 의식불명 상태에서조차 들리던 소리를 말하고 깨어난 것입니다.

"눈물을 흘리며 씨를 뿌리는 자는 기쁨으로 거두리로다 울며 씨를 뿌리러 나가는 자는 정녕 기쁨으로 그 단을 가지고 돌아오리로다"(시 126:5,6).

남편을 위해, 가족을 위해, 자녀를 위해, 이웃을 위해 기도하시기 바랍니다. 그렇게 울며 씨를 뿌리는 사람은 반드시 기쁨의 단을 거두게 됩니다.

베드로와 요한이 무슨 용가리 통뼈입니까? 세상의 의사도 약사도 고치지 못한 앉은뱅이가 일어난 사건은 하나님이 베풀어주신 기적입니다. 성경에 분명히 기록된 사건입니다.

겉보기에 우리의 육신은 온전합니다. 앉은뱅이가 없습니다. 하지만 우리 가운데는 영적 앉은뱅이가 무수히 많습니다. 교회 한 번 가볼 생각은 하지 않고 20년, 30년씩 재봉틀 앞에 앉아 재봉질이나 하면서 그것 없으면 죽는 줄 알고 사는 사람, 세탁소에서 슈퍼마켓에서, 또는 회사 컴퓨터 앞에 앉아 오직 그것만 바라보는 사람이 바로 앉은뱅이가 아니고 무엇입니까? 하나님께 나아올 줄 몰랐던 사람이 성도의 간곡

한 기도와 도움으로 예수를 믿고 구원받아 변화된 삶을 누리게 되기 바랍니다. 끌려오고 업혀서 오는 것이 아니라 스스로 걷기도 하고 뛰기도 하면서 오는 사람으로 영혼의 변화를 받으시기 바랍니다.

앉은뱅이도 기적을 체험했습니다만 그를 위해 기도해준 베드로와 요한 역시 기적을 체험했습니다. 하나님은 사모하는 자에게 기적을 허락하십니다. 하나님은 하나님 만나기를 간절히 사모하는 자들에게 찾아오십니다. 아무런 공로 없고 죄가 많더라도 은혜로 용서해주시며 찾아오셔서 만져주시고 기름 부어주시는 분이 우리 하나님입니다. 혈루증 환자의 혈루가 마르고, 중풍환자가 상을 가지고 걸은 것처럼, 소경이 눈을 뜨게 된 것처럼 하나님 만나기를 간절히 사모하는 우리도 기적의 하나님을 만날 수 있습니다.

지속적으로 기도하라

그럼 기적을 체험하려면 도대체 어떻게 해야 합니까?

첫째, 꾸준히 믿음으로 기도하는 사람이 기적을 체험할 수 있습니다.

"제구시 기도시간에 베드로와 요한이 성전에 올라갈새"(행 3:1).

9시는 오후 3시입니다. 또한 헬라어 '아네바이논', 그러니까 '올라갈새'라는 말은 한 번만 올라간다는 뜻이 아닙니다. 베드로와 요한이 그날 어쩌다가 한 번 성전으로 올라간 것이 아닙니다. '계속', '습관적으로', '꾸준히' 올라갔다는 말입니다. 특별한 것만 좋아하지 마십시오. 대각성전도집회나 특별새벽기도회만 나올 것이 아니라 평일 새벽기도에도 참석하여 은혜 받으시기 바랍니다.

베드로와 요한이 얼마나 바쁜 사람인지 아십니까? 베드로와 요한은 오순절 성령의 불을 받은 사람들입니다. 방언을 받았습니다. 하지만 과거 그들은 예수님이 십자가에 달리실 때 피해 달아났던 사람들입니다. 그러나 예수님이 부활하고 승천하시는 것을 목격한 뒤 다락방에 모여 기도하다가 성령을 받고 나자 사정이 달라졌습니다. 나가서 전도하자 하루 3천 명이 회개하고 세례를 받도록 하는 부흥의 불덩어리가 되었습니다.

베드로와 요한은 3천 명의 신자를 돌보아야 하는 사람들입니다. 더욱이 날마다 부흥하는 교회의 지도자입니다. 세례교인 3천 명은 모두 초신자로 예수 믿은 지 며칠 되지 않았기 때문에 그들을 돌보는 일만 해도 매우 바쁩니다. 새가족 양육과 전도에도 힘써야 하고 아프다면 안수기도도 해줘야 합니다. 얼마나 바빴을지 상상이 가십니까?

그런데도 그들은 제9시 기도시간이 되자 만사를 제치고 성전으로 올라갔다는 말입니다. 사역도 중요하지만 사역보다 더 중요한 것이 있습니다. 바로 일 잘할 수 있는 능력을 받는 일입니다. 그 능력을 주시는 하나님, 성령님, 예수님을 만나러 가는 것이 더욱 중요하다는 것을 명심하십시오.

"일하기 싫으면 먹지도 말라", "악하고 게으른 종아!"라는 말씀을 기억해보십시오. 기독교는 게으른 것을 책망합니다. 그런데 우리는 거꾸로 살고 있습니다. 일은 조금 하고 먹기만 좋아합니다. 하지만 작은 일에 충성해야 더 큰 일도 맡겨주신다는 것을 명심하십시오.

시험에 들지 않도록 깨어 기도하라

제9시 기도시간에만 성전에 간 것도 아닙니다. 그들은 하루 세 번, 아침과 정오와 저녁에 기도했습니다. 기도하지 않고서는 이 많은 사람들을 돌볼 수 없다는 것도 깨달았습니다. 특별히 베드로는 겟세마네 동산에서 기도하신 예수님의 말씀을 떠올렸습니다.

"한 시 동안도 이렇게 깨어 있을 수 없더냐 시험에 들지 않게 깨어 있어 기도하라"(마 26:40,41).

자만하지 마시고 시험에 들지 않도록 기도하십시오. 저는 아이들을 기르면서 깨닫는 것이 많습니다. 둘째와 막내가 각각 초등학교와 유치원에 다닐 때 일입니다. 막내는 아침에 눈만 뜨면 형 배 위에다가 자기 다리를 척 얹습니다. 형이 "이 새끼!" 하고 욕하면 막내는 형이 욕했다고 선수를 치며 싸우기 시작합니다. 그 광경을 보는 부모가 열이 받겠습니까? 안 받겠습니까? 무릎 꿇으라고 하고 기합도 줍니다. 막내는 형이 욕했다고 하고, 둘째는 배를 눌렀다고 하면 이제 막내는 "내가 언제 눌렀어?"라며 오리발까지 내밀지요. 이 정도 되면 둘째도 가만히 있지 않습니다. 막말이 오가고 심지어 '개새끼'라는 말까지 나옵니다. 그러면 저는 "너희들이 개새끼면 너희 아버지는 누구냐?"고 호통을 칩니다. 그제야 서로 잘못했다고 빕니다. 저는 이때 아주 쐐기를 박습니다.

"한 번만 더 개새끼라고 그러면 너희들을 개 패듯이 패주 겠다!"

한마디로 "너 순순히 고칠래? 얻어터지고 난 다음 고칠래?"라는 뜻이지요. 순순히 기도하시겠습니까? 얻어터진 다음 기도하시겠습니까?

3천 명이 넘는 교인들로 눈코 뜰 새 없이 바쁜데도 사도들은 시험에 들지 않도록 기도하는 일을 놓치지 않았습니다.

고난 중에 있다면 기도하라

어떤 사람에게, 어떤 성도에게, 어떤 공동체에, 어떤 가정에 기적이 일어납니까? 실직하고 파산하고 낙심하여 집에 들어앉아 있는 남편, 학교에 가는 것을 겁내는 학생, 사업을 벌여놓고 두려워서 제대로 하지 못하고 있는 분들이 있습니까? 앉은뱅이가 되지 마십시오. 지금 고난 가운데 있다면 먼저 말씀을 붙잡고 회개하시기 바랍니다. 변명하지 마십시오. 잘못을 시인하고 하나님께 구하면 도움의 손길이 찾아온다는 것을 믿으시기 바랍니다.

"사람이 감당할 시험밖에는 너희에게 당한 것이 없나니 오직 하나님은 미쁘사 너희가 감당치 못할 시험 당함을 허락지 아니하시고 시험 당할 즈음에 또한 피할 길을 내사 너희로 능히 감당하게 하시느니라"(고전 10:13).

"생각건대 현재의 고난은 장차 우리에게 나타날 영광과 족히 비교할 수 없도다"(롬 8:18).

현재의 고난은 몹시 고통스럽습니다. 그러나 현재의 고난은 이스라엘 백성에게, 또 예수님에게도 있었습니다. 누구에게나 다 있습니다. 고난의 종류만 다를 뿐입니다. 그러나 성경은 "현재의 고난은 장차 우리에게 나타날 영광과 족히 비교할 수 없다"라고 했습니다. 고난당한 것이 내게 유익이며

이 일로 주(主)의 율례를 배우게 되었다고 합니다.

현재 고난 중에 계십니까? 자신의 삶을 돌아보고 잘못을 깨달아 회개하는 사람에게 하나님은 일흔 번씩 일곱 번이라도 용서해주실 것입니다. 하나님은 아브라함을 용서하시고, 모세를 용서하시고, 다윗을 용서하시고, 남편을 다섯이나 둔 여자도 용서하시고, 간음하다가 현장에서 붙잡힌 여자도 용서해주셨습니다.

우리는 화장하고 감추면 남이 모른다고 생각합니다. 하지만 하나님은 다 아십니다.

"의인은 없나니 하나도 없으며"(롬 3:10).

하나도 없습니다. 그러니까 너무 의로운 척하지 마십시오. 돈 좀 벌었다고, 좋은 차 탄다고, 좋은 집에서 산다고 폼 잡지 마세요. 우리 가운데 의로운 사람이 누가 있습니까? 반대로, 너무 낙심하지도 마시기 바랍니다. 예수님은 우리의 죄가 주홍 같을지라도 눈과 같이 희게 씻어주시겠다고 말씀하셨습니다. 우리 하나님은 누구 한 사람도 과거 때문에 차별하는 분이 아닙니다. 진심으로 자신의 부족과 허물을 뉘우친다면 반드시 용서해주십니다.

저 역시 화투치고, 술 먹고, 노름하고, 도둑질 한 것, 부모님 원망한 것까지 모두 예수님을 믿고 회개했습니다. 그러자 제 안에는 한순간에 평안이 찾아왔습니다. 불안해하지 마세요. 회개하면 우리 마음속에 평안을 주신다는 것은 하나님이 우리의 죄를 용서하셨다는 증거니까요.

기도하는 시간에 일어난 기적

기도하면 시간이 절약되고, 기도하면 건강이 좋아지고, 기도하면 기적이 일어납니다. 내 힘, 내 노력, 내 머리로 일한다면 그것은 얕은 수준입니다. 자신의 힘과 노력만 가지고 일하지 말고 그 힘과 노력의 일부를 바쳐 시험에 들지 않도록 기도하시기 바랍니다. 하나님이 홍해를 갈라주신 것처럼 나의 장애물을, 사업을, 사람을, 옮겨주시고, 열어주시고, 인도해달라고 기도하십시오.

"기도하는 시간은 손해 보는 시간이 아니라 기적이 일어나는 시간입니다."

공부도 기도로

재수할 때에 남들은 대성학원에 다녔지만 서울대학교 못 들어갔습니다. 하지만 저는 딱 한 번, 모의고사 보러 대성학원에 가보았을 뿐입니다. 저는 새벽에 나가 기도하면서 밤새 공부했습니다. 독학으로 공부했습니다. 하지만 실력이 늘었고 결국 서울대학교에 합격했습니다.

저는 동산고등학교를 설립하고 난 뒤에 줄곧 수능고사가 있기 전날, 고3 학생들에게 기도해주었습니다. 비록 시골구석에 박혀 있는 신설학교지만 이사장이 와서 설교하고 다같이 모여서 기도하는 출정식을 치른 것입니다. 저는 "세상의 미련한 것들을 택하사 지혜 있는 자들을 부끄럽게 하려 하시고 세상의 약한 것들을 택하사 강한 것들을 부끄럽게 하려 하시며"(고전 1:27)라는 하나님의 약속을 믿었습니다. 우리의 아이들이 비록 미련하고 약하나 하나님께서 하나님의 영광을 나타내기 위해 이들을 쓰실 줄 믿었습니다.

이 아이들이 대학에 들어갈 때마다 '아 역시! 믿는 학교는 다르구나. 기도하며 가르치는 학교는 다르구나' 라고 깨닫도록, 하나님의 살아 계심을 보여주기 위해 저희는 3년간 '영친운동'을 벌였습니다. 전교생의 이름을 프린트하여 나눠준 다음 교인들이 그것을 성경책에 붙여서 각각 자신의 영적 아들, 딸로 하나씩 입양하여 새벽마다 계속 기도하는 것입니다. 성과는 바로 나타났습니다. 1회 졸업생 624명 가운데 4년제 대학 진학률이 86퍼센트, 전문대까지 합치면 97.2퍼센트에 달하는 놀라운 성과를 거둔 것입니다.

믿음과 소망의 진학 도전기

우리와 이웃한 교회의 목사님에게 두 아들이 있었습니다. 첫째 아들이 중학교에 다녔는데 반에서 20등 정도 하는 실력이었어요. 그 당시만 해도 반에서 7, 8등은 해야 동산고등학교에 원서를 써주었는데 그 점수로는 어림도 없었지요. 그런데 사모님은 그 아이를 동산고등학교에 보내고 싶어 했습니다. 학교로 찾아가서 "떨어져도 절대 원망 안 할 테니 원서를 써주세요"라고 애원하여 겨우겨우 동산고등학교에 원서를 냈다고 합니다. 하지만 담임선생님은 그 아이가 동산고등학교에 들어가는 것은 기적이라고 말했습니다. 그러나 그 기적이 일어났습니다. 비록 턱걸이로 들어왔지만 말입니다.

그런데 첫 번째 모의고사에서 그 아이는 무려 200등이나 석차가 올랐습니다. 한 번 공부의 맛을 본 그 아이는 이제 무서울 것이 없었습니다. 어머니가 기도하고, 믿음 좋은 그 아이 역시 기도하자 그 마음속에는 어느덧 이런 마음이 자리 잡았습니다.

'하나님이 나도 쓰시겠구나!'

믿음대로 써달라고 기도하며 공부한 결과 숭실대학교에 합격했습니다.

어머니의 기도는 거기서 멈추지 않았습니다. 참 끈질긴 기도입니다. 동생은 형보다 공부를 더 못했습니다. 하지만 큰아들을 동산고등학교에 들여보내고 나니 이제는 확신이 생겼지요. 그렇게 작은아들도 동산고등학교에 들어갔고, 형보다 공부를 못했던 동생이 연세대학교에 들어갔다면 믿으시겠습니까?

넘어졌다면 기도하라

믿음은 바라는 것들의 실상이라고 했습니다. 그런데 바라만 보아서는 안 됩니다. 그러면 그것은 개꿈이 되기가 쉽습니다. 바라보되 줄기차게 기도해야 합니다. 베드로도 그 바쁜 와중에 성전에 올라가 기도했습니다.

우리는 살다보면 죄짓고 살다보면 원치 않는 거짓말도 하게 됩니다. 주저앉을 때도 있고, 싸울 때도 있습니다. 믿음이 약하기 때문입니다. 어린아이처럼 넘어질 때가 많습니다. 그러나 넘어졌을 때 반드시 정신 차리십시오. 마귀는 우리를 정죄합니다.

"너 같은 게 집사야? 너 같은 게 신자야? 너처럼 믿는 게 믿는 거야? 이 사기꾼아!"

그러나 주님은 분명히 이렇게 말씀하셨습니다.

"오라 우리가 서로 변론하자 너희 죄가 주홍 같을지라도 눈과 같이 희어질 것이요"(사 1:18).

주께 나아오기만 하십시오. 주께 가는 가장 쉬운 방법이 기도임을 자각하고 넘어진 장소에서 이렇게 고백하십시오.

"주님, 제가 믿음이 약해서 넘어졌습니다. 다시는 넘어지지 않도록 정직하게 살 수 있는 길을 열어주시옵소서!"

자기 부인을 누이라고 속인 사기꾼 아브라함을 하나님께서는 복의 근원으로 부르셨습니다. 말씀을 들을 때마다 하나님 앞에서 제대로 살지 못했지만 "주여! 나를 살려주옵소서!"라며 기도에 힘쓴 아브라함을, 하나님은 일으켜 세워주셨습니다. 다윗을 일으켜 세우시고, 넘어진 베드로를, 의심하는 도마를 일으켜 세워 쓰신 하나님께서 우리도 반드시 쓰시리라 믿습니다.

병신 되기로 자청함

1972년은 제 인생의 터닝 포인트였습니다. 스물다섯 살! 그렇게 오래 교회를 다녀도 믿어지지 않던 예수를 CCC에서 만났습니다. 믿었습니다. 그런데 술 담배를 끊을 수가 없었습니다. 그해 7월 성경을 일독했고 술 취하지 말아야 할 것과 담배 역시 끊어야 한다고 결심했지만 그때 제게는 그만한 힘이 없었습니다. 저는 새벽마다 기도했습니다.

"하나님, 이제 알겠습니다. 끊겠어요. 제가 구원받은 것을 믿습니다. 그런데 제 힘으로 안 끊어집니다."

그때 하나님은 저에게 "아무것도 염려하지 말고 오직 모든 일에 기도와 간구로, 너희 구할 것을 감사함으로 하나님께 아뢰라"라는 빌립보서 4장 6절 말씀을 주셨습니다. 저는 하나님께 감사했습니다. 끊게 해주실 것을 믿었습니다.

방학을 한 뒤 저는 제대하고 한동안 찾아뵙지 못한 큰 형님을 뵈러 상암동 큰형님 댁으로 갔습니다. 형님도 일찍 들어오셨고 마침 둘째형님도 찾아왔습니다. 모처럼 삼형제가 만났으니 제대한 것도 축하할 겸 맥주나 한 잔씩 하자고 해서 술을 마시게 되었습니다. 저는 속으로 생각했습니다.

'술을 끊게 해달라고 기도했더니 마귀가 또 역사하네.'

슈퍼에 가서 사온 술은 맥주 한 박스였습니다. 삼형제가 모두 주량이 보통이 아니기 때문입니다.

"수고했다. 한 잔씩 해. 인중아, 너도 한 잔 해라."

"형님, 저는 예수 믿고 이제는 술 안 먹습니다."

"이 자식, 예수 믿더니 병신 됐구먼!"

"임마, 믿어도 다 먹고 믿는 거야, 쩨쩨하게! 내가 보니까 모모 목사도 담배 피워. 또 장로가 맥주집도 하더구나. 장로도 맥주집 하고 목사도 담배 피우는데 네가 목사냐, 장로냐?

사내는 술을 좀 마셔야 돼!"

"아닙니다."

"이 녀석, 정말 병신 됐네!"

그렇습니다. 저는 그날로 술담배 생각을 싹 잊었습니다. 제게는 정말 기적 같은 일이었습니다. 새벽기도 한 달 반 나갔고, 성경 한 번 읽은 다음 '하나님, 말씀대로 이제는 끊겠습니다. 그런데 제게 끊을 힘이 없습니다. 제가 끊을 수 있게 해주세요' 라고 기도했더니 바로 역사가 일어난 것이지요.

하나님의 테스트

아브라함이 이삭을 데리고 모리아산으로 갔습니다. 그런데 아브라함은 진짜로 이삭을 제물로 드리려고 모리아산으로 갔을까요? 아브라함은 아침 일찍 집을 나섰습니다. 자식새끼 죽이는데 무엇이 신이 나서 새벽같이 길을 나섰겠습니까? 그것은 아브라함의 마음속에는 이미 하나님의 말씀에 순종하겠다는 마음이 들어와 있었기 때문입니다.

우리는 인생의 시험을 어떻게 통과할 수 있습니까? 중요한 것은 하나님의 말씀에 순종하겠다는 마음으로 늘 꾸준히 기도하는 사람들에게 하나님은 피할 길을 주시고, 이길 힘을 주시고, 미래에 될 일을 알려주신다는 것입니다.

이삭을 번제로 드릴 단 위에 묶고 이제 막 칼로 찌르려 하자 하늘에서 급하게 부르는 소리가 들렸습니다.

"아브라함아! 아브라함아!"

한 번만 부르지 않았습니다. 왜냐하면 이제는 하나님이 급해졌기 때문입니다. 진짜 이삭을 죽이려고 한 것이 아니기 때문입니다. 테스트였기 때문입니다.

"그 아이에게 네 손을 대지 말라 아무 일도 그에게 하지 말라 네가 네 아들 네 독자라도 내게 아끼지 아니하였으니 내가 이제야 네가 하나님을 경외하는 줄을 아노라"(창 22:12).

이로써 아브라함은 하나님의 테스트에 합격했습니다. 수풀에 뿔이 걸린 수양을 발견하고 아브라함은 '여호와 이레' 라고 고백했습니다. 그렇습니다. 우리의 갈 길이 언제 보입니까? 순종하면 보입니다. 여호와 이레의 하나님은 살길을 예비하고 계십니다. 시험에 들지 않도록 기도하고 무슨 일이 있어도 말씀대로 순종하며 살겠다고 결단하는 사람에게 하나님은 기적 같은 길을 열어주십니다.

거룩한 배짱

술 담배를 끊겠다고 결심하자 정말 끊게 되었습니다. 그러자 용기가 생겼습니다. 저희 집에 제사가 많았는데 성경을 읽어보니까 하나님이 가장 미워하는 죄가 우상숭배라는 겁니다. 저는 다시 기도했습니다.

"하나님, 이제 추석 명절이 돌아오면 제사를 지내야 합니다. 그동안 저는 잘 모르고 제사를 지냈습니다. 하지만 이제는 아닙니다. 우상에게 절하지 말라고 하셨으니 하지 않겠습니다. 하지만 제겐 힘이 없습니다. 위로 누님과 형님뿐입니다. 도와주세요."

명절이 되어 형제가 상암동 큰 형님 댁에 모였습니다. 저는 그간 제사에 대비하여 기도를 많이 했습니다. 단단히 마음을 먹고 제사에서 빼달라고 말하려고 했지만 형님을 보는 순간 용기가 달아나버렸습니다. 벽장에서 신주를 꺼내놓고, 지방 써서 붙이고, 상을 차린 다음 이제 곧 절을 해야 하는 순서가 되자 저는 정말 죽을 것만 같았습니다. 용기를 내어 형님을 불렀습니다.

"형님, 저는 예수를 믿으니까 제사에서 빼주세요."

"야 이놈, 예수 믿으면 부모한테도 절을 안 하느냐?! 이런 버릇없는 새끼, 예수쟁이는, 기독교는 부모도 공경하지 않는다더냐?"

형님은 제 목을 잡으려고 손을 뻗었습니다. 형님은 경찰서장에게도 재떨이를 던지는 무서운 사람입니다. 열세 살이나 차이가 나는 아버지 같은 형님입니다. 그런 형님께 감히 제가 어떻게 덤비겠습니까? 그때 갑자기 큰누님이 나서서 형님의 팔을 잡았습니다. 큰형님보다 세 살이나 더 많은 누님은 제게는 일찍 돌아가신 엄마 대신이었습니다.

"인중이는 오늘부터 제사에서 빼주자."

저는 그날부터 제사 지내는 일에서 면제되는 기적을 경험하게 되었습니다. 기도하다가 체험을 하게 되면 그만큼 배짱이 생깁니다. 기도하면 기적이 일어나기 때문입니다. 저는 다시 기도했습니다.

"하나님, 감사합니다. 제사에서 빼주신 하나님, 이제는 이 지옥 갈 짓만 하는 제 형제들을 구원해주십시오. '주 예수를 믿으라 그리하면 너와 네 집이 구원을 얻으리라'라고 말씀하셨사오니, 제 형제들도 약속대로 구원해주세요."

그날부터 저는 형제들과 조카들의 이름을 불러가며 새벽마다 기도했습니다. '72년 추석 때부터 '75년 집에서 쫓겨난 뒤 입주과외 아르바이트를 하며 신학교에 다닐 때에도 계속 기도했습니다. 식구들만 생각하면 가슴이 아팠습니다. 아무런 소망도 없는 집안이지만 나 같은 죄인을 용서해주고 구원해주신 하나님, 죄인을 구원하러 오신 하나님께서 저의 기도를 들으시고 제 형제도 써주시리라 믿으며 계속 기도했습니다.

제사와의 단판승

저는 신학교를 다니는 도중 아내를 만나 결혼했고 딸 선진이도 낳았습니다. 신학교도 졸업식만 남겨두고 있던 어느 날 한밤중에 전화벨이 울렸습니다. 잠든 지 한 시간밖에 되지 않았는데 잠이 깨어 앉아 있다가 전화를 받은 것입니다. 수화기를 들자 저편에서 술 취한 남자의 울음소리가 들려왔습니다. 한동안 진정하는가 싶더니 "나야, 나!"라는 고함이 들려왔습니다. 신학교 다니는 전도사에게 이렇게 말할 사람이 또 누가 있겠습니까? 큰형님이었습니다.

"아! 형님 아니세요? 웬일이세요?"

"인중아! 새해부터 제사 안 지낼 테니까 네가 와서 예배 드려다오."

술에 취해 있었지만 형님은 분명히 이렇게 말했습니다. 이 것이 기적이 아니고 무엇이겠습니까? 제사 안 지낸다고 때리려 하고, 신학교에 가겠다니까 쫓아낸 사람이 이제 제사 지내지 않고 예배를 드리겠다니요?

"할렐루야! 드디어 응답해주신 줄로 믿습니다."

물론 저는 하나님이 응답해주셨다고 믿었지만 다른 한편으로는 '술 취해서 한 헛소리일 거야'라고 의심하는 마음이 들었습니다. 참 한심하지요? 명색이 전도사인데, 6년 동안 기도했는데 말입니다. 그러나 믿음은 내 감정이 아니라 성경의 약속을 붙잡는 것이라고 믿습니다. 저는 구한 대로 주신 줄 믿으며 의심을 물리치고 다시 잠자리에 들었습니다.

다음날 아침 일찍 저는 버스를 타고 수색으로 갔습니다. 형님은 아무리 술에 취했다고 해도 다음날 무엇이든 정확히 기억해내는 사람이었습니다. 저는 전화 내용을 확인해보지 않을 수 없었습니다.

"형님, 분명히 제사 안 지내신다고 그랬죠?"

형님은 대답을 하지 않았습니다. 전화한 것은 기억한다면서 제사 안 지내겠다고 한 말을 기억하지 못할 리 없죠. 대답하지 않는다는 것은 시인한다는 말입니다. 저는 당장 벽장을 열고 신주를 꺼냈습니다. 제구도 꺼냈습니다. 그런 다음 거기에 불을 질렀습니다. 이제 비로소 저희 가정에 제사가 사라진 것입니다. 형님은 그때까지 교회에 나오지 않았습니다. 그런데도 제사가 사라지는 역사가 일어났습니다.

형님, 예수 믿읍시다!

이듬해 설부터 저희 가정은 추도예배를 드리기 시작했습니다. 그랬더니 어떤 기적이 일어났는지 아십니까? 저희 큰형님은 백수건달입니다. 공부를 많이 하지 못해서 정당 위원장은 못했지만 공부를 제대로 했다면 대통령도 했을 만큼 머리가 비상한 사람입니다. 야당 부위원장 노릇하는 백수건달에, 표 얻는다고 노름방에 가서 화투나 치는 사람이니 자식들이 아버지를 존경하겠습니까?

그런데 그해 봄, 형님한테 전화가 왔습니다. 건설회사 인력관리부 부장으로 취직이 되어 사우디아라비아에 가게 되었다는 겁니다. '79년에 본봉 120만 원, 보너스 800퍼센트라면 적은 돈이 아닙니다. 우상숭배가 사라지자 하나님은 물질의 복을 주셨습니다. 술 대장, 백수건달이 잡다하게 이리저리 한눈팔지 못하도록 아예 멀리 보내주신 것이지요.

저는 형님께 눈물로 편지를 썼습니다.

"형님! 보십시오. 제사 안 지내고 기도하니까 하나님께서 기적의 길을 열어주시지 않았습니까? 형님! 이번에 돌아오면 반드시 예수님 믿읍시다."

저는 10장이 넘는 장문의 편지를 썼습니다. 편지를 받은 형님은 두 아내의 문제를 해결하고 나서 교회에 나가겠다고 했지만 저는 다시 편지로 읍소했습니다.

"형님이 해결할 수 있는 문제 같으면 우리가 무엇 하러 믿겠습니까? 그 문제를 해결하려고 하기보다 먼저 믿기로 결단하십시오. 이번에 돌아오시면 꼭 교회에 나오십시오."

이번에는 형님도 돌아가면 반드시 교회에 나가겠다는 답장을 보내왔습니다. 결국 귀국하고 교회에 나와 예수님을 믿기 시작했고 기도하면서 가정의 문제 또한 해결되었습니다. 형님은 돋보기를 쓰고 한 해에 성경을 열네 번이나 읽으셨습니다. 지금은 수원에서 집사로 섬기고 계십니다. 저희 가정에 전도의 기적을 베풀어주신 하나님께서는 말씀을 믿고 말씀대로 기도하는 사람 누구에게나 전도의 기적을 열어주실 것입니다.

울지 말고 기도해!

천국과 지옥이 있다는 것을 믿으시지요? 나의 사랑하는 남편이, 자식이, 일가친척이, 동료가 내가 전도하지 않아서 지옥에 가게 되어 나에게 "저 사람은 나한테 한 번도 전도한 적 없다"라고 소리친다고 생각해보십시오.

천하보다 귀한 일은 한 생명을 건지는 일입니다. 하늘나라에 가면 가장 큰 상급이 바로 영혼 구원의 상급임을 명심하시기 바랍니다.

큰형님보다 먼저 교회에 나와 예수를 믿게 된 것은 제 작은 형님이었습니다. 경찰공무원으로 다섯 아이들을 키우며 힘겹게 살아가는 형님 댁에 얹혀살자니 저는 여러 모로 형님을 볼 면목이 없었습니다. 제대하고 나서 예수님을 만나고 제사에 참예하지 않겠다고 선언한 뒤 저는 가족을 구원해야 한다는 열정을 불태우며 기도하고 있었습니다. 교회가 멀어서 집에서 기도하고 있었습니다.

고단한 하루를 마치고 만취한 상태로 집에 돌아온 작은형님은 기갈이 나서 새벽에 잠에서 깨어났습니다. 그런데 그 새벽에, 한 사람 한 사람 식구들의 이름을 불러가며 간절히 기도하는 제 기도소리를 들으시고 작은형님이 마음의 변화를 받게 된 것이지요.

아침에 일어나 밥상을 받고 마주앉았는데 형님이 숟가락을 들지 않았습니다.

"형님, 식사하십시오."

"인중아, 나도 오늘부터 예수 믿을 테니 너 제발 울지 말고 기도해라."

"형님, 정말입니까?"

"그래, 그러니까 너 울지 말고 기도해라. 내가 믿으마."

울며 씨를 뿌리는 자가 정녕 기쁨으로 단을 거둔다고 하시더니 본격적으로 기도한 지 6개월도 되지 않아 눈물의 기도로 정확히 사람을 변화시켜주신 하나님, 저는 하나님을 찬양했습니다. 저는 그 기적의 도구일 뿐입니다. 형님은 그 자리에서 저를 따라 예수님을 영접하는 기도를 드렸습니다. 지금은 바르게 믿기 위해 애쓰고 더 많이 전도하려고 힘쓰는 장로님이 되셨습니다.

사랑과 관심이 있는 곳에서 기적이 일어난다

어떤 사람에게서, 어떤 곳에서 기적이 일어났습니까? 관심이 있는 사람, 사랑을 베풀고자 하는 사람에게 기적이 일어납니다. 베드로가 바쁘다고 그 앉은뱅이를 그냥 지나쳤다면 기적은 일어나지 않았을 것입니다. 그러나 베드로는 '주목하여' 봤습니다. 관심을 가지고 지켜본 다음 말했습니다. 그러자 앉은뱅이가 걷고 뛰는 치료의 역사가 나타났습니다.

우리 가운데 끈질기게 기도하는 사람이 있습니까? 불쌍하고 연약한 사람을 긍휼히 여겨 공동체가 다함께 기도했습니까? 물질이 없으면 기도로 돕고 말씀으로 격려하면서 붙잡고 울어준다면 눈물로 씨를 뿌리는 그곳에, 기도하는 그곳에 하나님께서 절망을 이기는 기적을 주실 것입니다.

기적이 일어나는 교회에 전도의 문이 열립니다. 믿음이 없는 사람들이 그 기적을 보고 마음을 열기 때문입니다. 저희 교회에 집사님 한 분이 계속해서 감기를 앓다가 한 달간 약을 먹어도 병이 낫지 않아 병원을 찾았는데 검진 결과 후두

암 판정을 받았습니다. 믿기지 않아 다른 종합병원에 가서 재차 조직검사를 해보았지만 역시 후두암이라는 것이었어요. 더욱이 암세포가 커져 당장 숨쉬기도 곤란한 지경이 되었으니 당장 수술을 해야겠다고 해서 수술 날짜까지 받아놓고 돌아왔습니다.

주일이 되자 그 집사님은 순장 집사님과 함께 저를 찾아왔습니다. 저는 당장 손을 얹고 기도했습니다.

"하나님, 도와주십시오. 수술해서 고칠 수 있다면 담당 주치의를 통해서 정확히 치료되게 해주시고, 혹 수술 시기가 지났으면 하나님의 기적으로 살려주셔서 더 많이 봉사할 기회를 주십시오."

저희는 눈물을 흘리며 함께 기도했습니다. 그런데 그 다음 주일 그 집사님이 교회에 나왔습니다. 저는 놀라서 무슨 사연인지 물었습니다.

화요일에 병원에 입원하고, 예정된 수술을 받기 위해 마지막 점검을 하던 의사가 검사를 마치더니 차트를 가져오라고 하고 엑스레이 사진을 가져오라고 그러더랍니다. 고개를 갸우뚱하더니 수술할 부위도 눌러보고 다시 차트를 살펴보고 나서 이번에는 질문을 하기 시작했다고 합니다. 그간 특별한 음식을 먹은 적이 있는지, 누구를 만났는지 꼬치꼬치 묻길래 주일에 순장님, 목사님을 만났고, 목사님께 안수기도를 받았다고 말했더니 차트에 '안수기도'라고 적은 다음 이렇게 말했다고 합니다.

"당신 목에 있던 암세포가 녹아 없어졌습니다."

마침 책상 위에 있던 물컵을 들어서 오른쪽에서 왼쪽으로 옮기더니 "이렇게 여기 있던 것이 없는 것처럼 암이 없어졌어요"라고 말했다는 것입니다.

치료의 기적을 베풀어주신 하나님을 경험했는데 어떻게 봉사하지 않을 수 있겠습니까? 어떻게 전도하지 않을 수 있겠어요?

저희 교회 찬양 선교팀 솔리스트 한 분이 갑자기 디스크가 심해졌는데 한마음으로 기도하자 디스크가 낫는 기적이 일어났습니다. 저희 교회에서는 이런 기적이 계속되고 있습니다.

어렵다고 나 혼자만 잘 살려고 하지 마십시오. 바쁘다고 옆도 안 보고 살지 마시기 바랍니다. 돈이 없다고 그냥 지나치지 마시고 기도해주십시오. 기도는 물질보다 더 큰 축복이라는 것을 믿으십시오. 다같이 기도하자 역사가 일어났습니다.

신앙의 문제, 제사의 문제, 재정의 문제, 가정의 문제로 따지면 저는 안 겪은 문제가 없습니다. 사실 창피해서 얘기할 수 없을 정도로 문제가 많았습니다. 하지만 저는 이야기할 수 있습니다. 왜 그렇습니까? 변화되었기 때문입니다. 이제는 안 그렇기 때문입니다. 이전 것은 지나갔습니다. 저는 지금 노름꾼도, 술꾼도 아닙니다. 과거를 청산한 사람에게 그 과거는 더 이상 부끄러운 것이 아닙니다. 다만 승리의 간증이 될 뿐입니다. 죄와 절망 속에 사는 사람들에게 용기와 희망을 주고 하나님께 영광을 돌리는 간증이 될 것입니다. 더 큰 기대감을 가지고 더 큰 은혜를 받을 수 있다는 확실한 증거가 될 것을 믿습니다.

하나님이 살아 계십니다. 낙심하지 마십시오. 크신 하나님을 바라보고 백절불굴 크리스천의 기개로 세상을 제압하는 자가 됩시다.

Never Give Up!

■ 시련은 있으나 **좌절**은 없다!

- 기도하는 시간은 손해 보는 시간이 아니라 기적이 일어나는 시간이다.
- 시험은 하늘의 복을 받기 위한 영적 도약대이다.

"시험을 참는 자는 복이 있도다 이것에 옳다 인정하심을 받은 후에 주께서 자기를 사랑하는 자들에게 약속하신 생명의 면류관을 얻을 것임이니라" (약 1:12).

백절불굴
크리스천

초판 1쇄 발행 | 2004년 3월 16일
초판 5쇄 발행 | 2014년 6월 30일

지은이 | 김인중
펴낸이 | 여진구
펴낸곳 | 규장

주소 | 137-893 서울시 서초구 양재2동 205 규장선교센터
전화 | 578-0003
팩스 | 578-7332

등록일 | 1978.8.14. 제1-22
이메일 | kyujang@kyujang.com
홈페이지 | www.kyujang.com

ⓒ 저자와의 협약 아래 인지는 생략되었습니다.
이 출판물은 저작권법에 의해 보호를 받는 저작물이므로
무단 전재와 무단 복제를 할 수 없습니다.

책값 | 뒷표지에 있습니다.

ISBN 89-7046-942-7-03230

규 | 장 | 수 | 칙

1. 기도로 기획하고 기도로 제작한다.
2. 오직 그리스도의 성품을 사모하는 독자가 원하고 필요로 하는 책만을 출판한다.
3. 한 활자 한 문장에 온 정성을 쏟는다.
4. 성실과 정확을 생명으로 삼고 일한다.
5. 긍정적이며 적극적인 신앙과 신행일치에의 안내자의 사명을 다한다.
6. 충고와 조언을 항상 감사로 경청한다.
7. 지상목표는 문서선교에 있다.

하나님을 사랑하는 자 곧 그 뜻대로 부르심을 입은 자들에게는
모든 것이 합력하여 선을 이루느니라 (롬 8:28)

Member of the
Evangelical Christian
Publishers Association

규장은 문서를 통해 복음전파와 신앙교육에 주력하는 국제적 출판사들의
협의체인 복음주의출판협회(E.C.P.A:Evangelical Christian Publishers
Association)의 출판정신에 동참하는 회원(Associate Member)입니다.